Liebe Leserin,

zum Glück gibt es ganz viele Taschen: riesengroße, praktische, schicke, bunte, witzige - also einfach für jede die richtige. Noch besser ist, dass man die Hobo-Bags auch selber nähen kann. In der Lieblingsfarbe, aus traumhaften Stoffen, geblümt oder uni. Wie das geht, wird mit vielen Fotos Schritt für Schritt erklärt. Und wenn Sie einmal wissen, wie die Innentasche eingenäht, der Henkel angebracht, der Verschluss angesetzt und das Futter eingenäht wird, steht Ihrem eigenen Taschendesign nichts mehr im Wege. Sie können dieses Buch als Ideensammlung, exakte Vorlage oder Lehrgang benutzen. Und für was auch immer Sie sich entscheiden: Ich wünsche Ihnen schöne und kreative Nähstunden und jede Menge selbst genähte Taschen, die Sie gar nicht mehr aus der Hand legen möchten.

Mit herzlichen Grüßen

Beate Schmitz

Alltagstauglich

Die richtige Tasche für jeden Anlass

ca. 37 x 75 cm groß | Schnittteile 1a bis d auf Bogen A

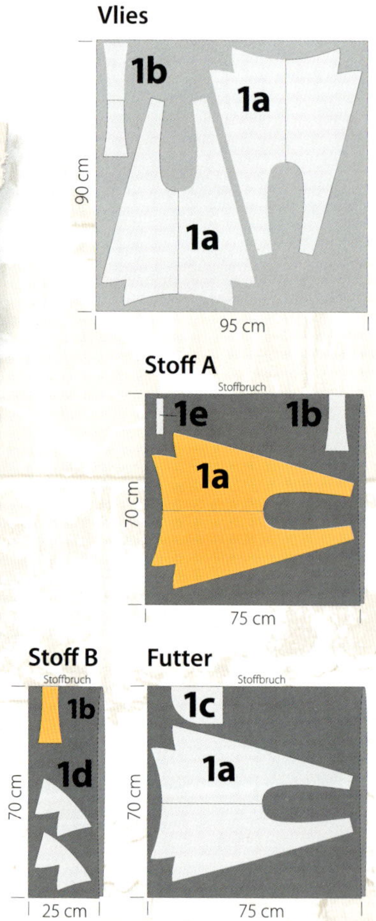

Material

- je 75 cm Außenstoff A und Futter, 140 cm breit
- 95 cm aufbügelbares Volumenvlies, 90 cm breit
- 25 cm Stoff B (z.B. fester Jeansstoff), 140 cm breit
- 1 Karabiner für 15 mm breites Band
- 25 cm Reißverschluss (Meterware, 25 mm breit) mit 1 Zipper
- 10 cm Webband, 12 bis 15 mm breit

Zuschnitt

(siehe Tipps auf Seite 62-63)

Die Teile, wie in den Zuschneideplänen zu sehen, zuschneiden.

Aus Stoff A: 2x 1e: 12 x 2,5 cm

Auf die linken Seiten der gelb gezeichneten Teile Vlies aufbügeln.

So geht's

1 Die Eckenbesätze 1d an der langen Kante 1 cm breit nach links bügeln, dann die Besätze auf die rechten Seiten der Taschenteile 1a stecken und an der umgebügelten Kante schmal und 0,5 cm breit festnähen.

2 Die Abnäher an den unteren Ecken schließen, dazu die Taschenteile rechts auf rechts falten, sodass die Kanten des Abnähers aufeinanderliegen. Die Kanten 1 cm breit zusammennähen.

3 Die Taschenteile 1a rechts auf rechts aufeinanderstecken. Damit die Kanten der Eckenbesätze genau aufeinandertreffen, die Stofflagen zuerst nur an diesen Stellen zusammennähen und prüfen, ob die Kanten aufeinanderliegen. Dann die Taschenteile an Seiten- und Unterkante zusammennähen.

4 Die Nahtzugaben auseinanderbügeln oder mit den Fingern auseinanderdrücken. Die Seitennähte bis zu den Besätzen zu beiden Seiten der Naht schmal absteppen. Dazu an der oberen Taschenkante beginnen, bis zum Eckenbesatz nähen, die Nadel im Stoff lassen, das Füßchen heben und den Stoff um 90° drehen. 2 Stiche quer zur Steppnaht nähen, dann den Stoff noch einmal um 90° drehen (wieder mit der Nadel im Stoff) und die andere Seite der Naht absteppen. Die Naht an der unteren Taschenkante entsprechend absteppen.

5 Den Karabiner auf das Leder- oder Webband fädeln, das Band doppelt legen und an die obere Kante des Taschenteils nähen, auf oder dicht neben die Naht. Je nachdem, ob Sie die Tasche rechts oder links tragen, das Band an die Seite nähen, die beim Tragen nach vorne zeigt.

6 Das obere Riementeil 1b rechts auf rechts an die Kante mit dem Webband nähen. Die Nahtzugaben ins obere Riementeil bügeln.

7 Ein Futtertaschenteil an den eingezeichneten Linien durchschneiden und einen 0,5 cm breiten Stoffstreifen abschneiden. Den Zipper auf den Reißverschluss ziehen (siehe Seite 63) und den Reißverschluss auf 22 cm kürzen. Die Streifen 1e rechts auf rechts an beide Enden des Reißverschlusses nähen. Die Nahtzugaben zum Stoff bügeln und die Nähte schmal absteppen.

8 Die auseinandergeschnittenen Futterteile oben und unten an den Reißverschlussstreifen nähen. Dazu die Teile rechts auf rechts auf den Reißverschluss legen, sodass die Reißverschlussmitte und die Mitte der Futterteile aufeinanderliegen, und mit 0,5 cm Nahtbreite festnähen. Die überstehenden Enden des Reißverschlussstreifens abschneiden, die Nahtzugaben in die Futterteile bügeln und die untere Naht schmal absteppen.

9 Den Taschenbeutel rechts auf links an die obere Kante des Reißverschlusses legen, das obere Futterteil nach unten klappen (Beutel und beide Futterteile liegen dann übereinander) und den Taschenbeutel am Streifen festnähen. Das obere Futterteil wieder nach oben legen und die Naht oberhalb des Reißverschlusses schmal absteppen. Dann den Taschenbeutel an den offenen Seiten 1 cm von der Schnittkante entfernt auf das Futter nähen.

Das Futter so zusammennähen, wie für den Außenstoff beschrieben, allerdings ohne Karabiner und mit einer ca. 10 cm großen Wendeöffnung in einer Seitennaht. Das obere Riementeil aus Stoff A an einer Seite an das Futter nähen. Durch die Wahl der Seite entscheiden Sie, ob die Reißverschlusstasche im Futter am Körper liegen oder nach außen zeigen soll, wenn Sie die Tasche tragen.
Das obere Riementeil aus Stoff A an den Seiten etwas schmaler schneiden (siehe graue Flächen im Schnitt).

6

7

8

9

10 Die Außentasche auf rechts wenden und in die Futtertasche stecken, sodass beide Taschen rechts auf rechts aufeinanderliegen. An den Enden der Riemen die Futterteile 1 cm breit nach links einschlagen.

11 Futter- und Außentasche ringsum an allen Kanten aufeinandernähen, nur die Enden der Riemen bleiben offen. Die Nahtzugaben an den Rundungen einschneiden, die Tasche wenden. Die Riemenenden der Außentasche rechts auf rechts aufeinanderlegen und zusammennähen. Das Futter ist an dieser Stelle schon nach links eingeschlagen und wird nicht mitgefasst.

12 Die Nahtzugaben auseinanderdrücken und in das Futter schieben. Die Öffnung im Futter mit Staffierstichen schließen: Dazu den Faden unsichtbar vernähen, dann an der unteren Kante ausstechen. Genau darüber an der oberen Kante wieder einstechen, sodass nur ein ganz kleiner Stich sichtbar ist. Die Nadel unter dem Stoff 3 bis 5 mm nach links führen, an der unteren Kante wieder ausstechen usw.

13 Die Nahtzugaben an der Wendeöffnung im Futter 1 cm breit nach links einschlagen und die Kanten schmal aufeinandersteppen.

Abwaschbar

Allround-Tasche aus beschichtetem Baumwollstoff

ca. 37 x 75 cm groß (siehe hintere Tasche auf Seite 3) | Schnittteile 2a bis d auf Bogen A

Material

- je 75 cm beschichteter Baumwollstoff A und Futter, 140 cm breit
- ca. 55 x 55 cm Nappaleder (Schnittteile zum Kauf mitnehmen und auflegen!)
- doppelseitiges Klebeband für Textilien
- 1 Karabiner für 15 mm breites Band
- 25 cm Reißverschluss (Meterware, 25 mm breit) mit 1 Zipper

Zuschnitt

(siehe Tipps auf Seite 62-63)
Alle Teile, wie auf den Zuschneideplänen zu sehen, zuschneiden.
Aus Leder: 1x 2f: 3 x 10 cm

Stoff A

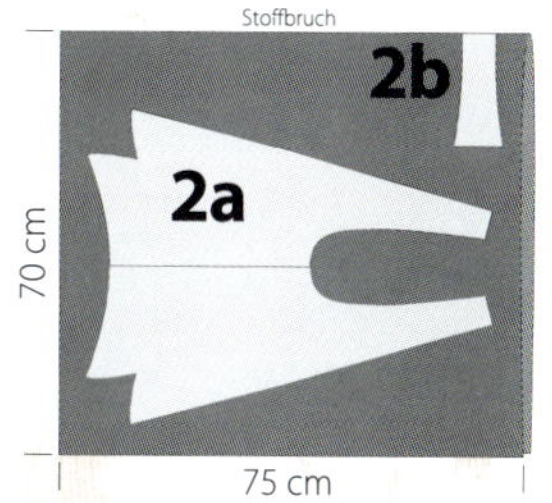

Futter

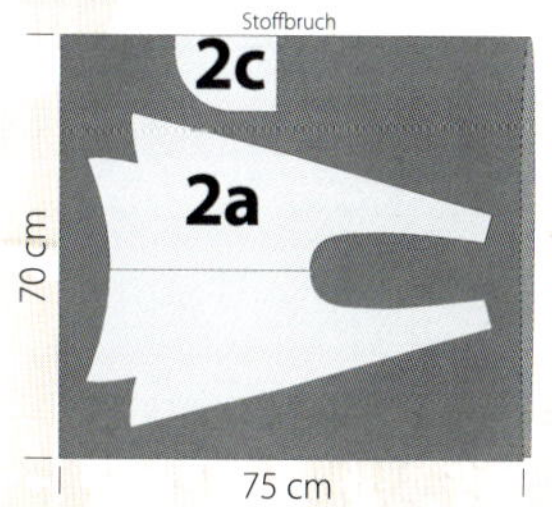

Leder

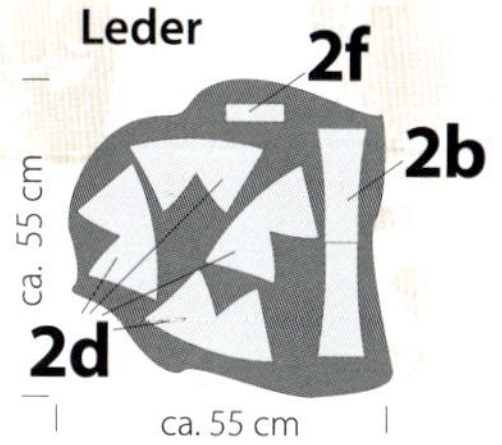

So geht's

Die Tasche wird fast genauso wie Tasche 1 genäht. Beschichtete Stoffe und Leder lassen sich leichter mit einem Teflonfuß nähen. Alternativ kann man auch Malerkrepp um den Nähmaschinenfuß kleben.
Die Eckenbesätze aus Leder nicht umbügeln, sondern nur schmal und 0,5 cm breit aufsteppen.

1 Statt des Webbands den Karabiner mit einem Lederstreifen befestigen. Dazu auf die linke Seite des Streifens 2f in Längsrichtung mittig 2 Stücke Doppelklebeband aufkleben. Die Längsseiten zur Mitte falten, sodass sie dort aneinanderstoßen und festkleben. Weiternähen, wie für Tasche 1 beschrieben.

Ausgehfertig

Eine Tasche, die sich überall sehen lassen kann

ca. 50 x 45 cm groß | Schnittteile 3a und b auf Bogen A

Material

- 95 cm Rosenstoff A, 115 cm breit
- 100 cm aufbügelbares Volumenvlies, 90 cm breit
- 65 cm Futter, 140 cm breit
- ca. 55 x 50 cm schwarzes Wildleder (Schnittteile zum Kauf mitnehmen und auflegen!)
- 1 Karabiner für 30 mm breites Band
- 1 D-Ring, 30 mm breit

Zuschnitt

(siehe Tipps auf Seite 62-63)

Die Teile, wie in den Zuschneideplänen zu sehen, zuschneiden.

Aus Stoff A: 1x 3e: 30 x 17 cm (Innentasche)

Aus Leder: 1x 3c: 13 x 6 cm (Schlaufe für D-Ring)

1x 3d: 21 x 6 cm (Schlaufe für Karabiner)

Auf die linken Seiten der gelb gezeichneten Teile Vlies aufbügeln.

Stoff A

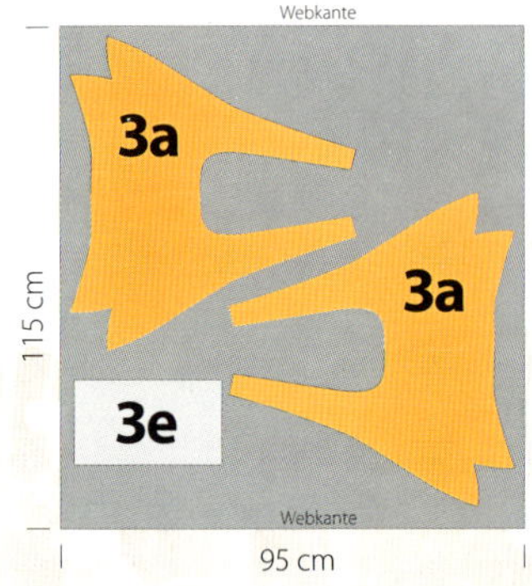

Vlies

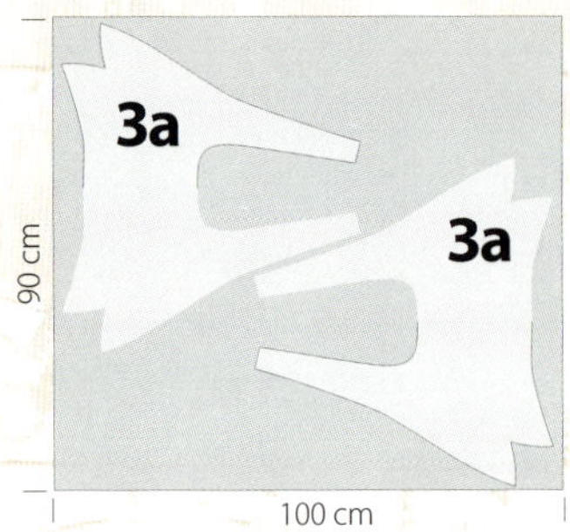

Futter

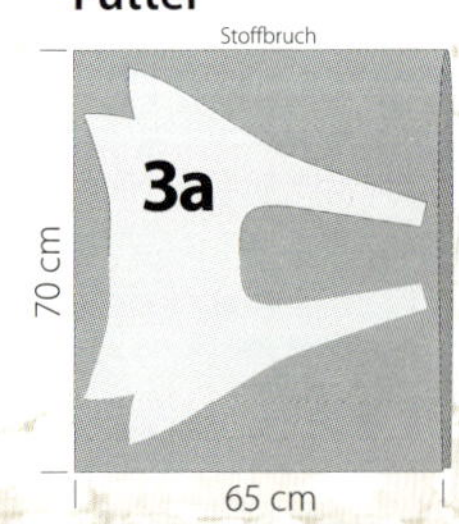

Leder

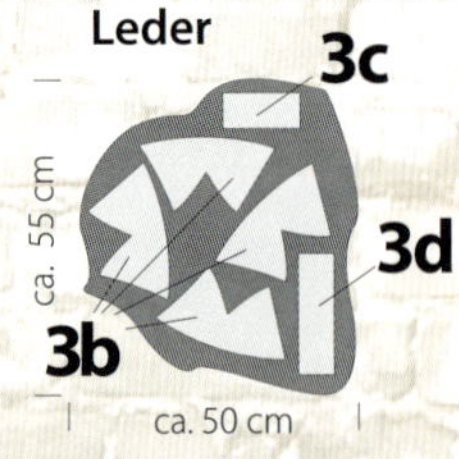

So geht's

Lederschlaufen nähen: Die Längsseiten der Streifen 3c + 3d jeweils 1,5 cm breit nach links falten, sodass die Kanten in der Mitte aneinanderstoßen. Die Kanten 0,75 cm breit absteppen. Den D-Ring auf den kürzeren Streifen fädeln, den Streifen zur Schlaufe legen und diese mittig an die Unterkante des Vorderteils nähen. (Schnittkanten von Schlaufe und Taschenteil liegen aufeinander, Schlaufe liegt auf der Tasche.). Die Eckenbesätze aus Leder an den langen Kanten schmal und 0,5 cm breit aufsteppen. Anschließend mit den Schritten 2 bis 4 auf Seite 4 fortfahren.

1 Seiten- und Bodennaht rundum zu beiden Seiten schmal absteppen. Die Schlaufe mit dem D-Ring dabei nicht mitfassen, also zuerst an der einen, dann an der anderen Seite der Schlaufe vorbeinähen und dazu die Schlaufe einmal umklappen.

2 Dann die Schlaufe mit dem D-Ring flach auf das Vorderteil legen und dicht neben dem Ring festnähen.

3 Den Karabiner auf den anderen Lederstreifen fädeln, zur Schlaufe legen und die Schlaufe dicht neben dem Karabiner zusammennähen.

4 Dann die Schlaufe rechts auf rechts - die linke Seite des Karabiners zeigt also nach oben - an die Oberkante der Taschenrückseite nähen. Dabei stehen die Schnittkanten der Schlaufe 0,5 cm weit über. Bei dieser Tasche gibt es kein oberes Riementeil und die Innentasche ist nur aufgesetzt. Die Schritte 5 bis 9 von Seite 4 und 5 entfallen also.

5 Stattdessen den Streifen für die Innentasche 3e rechts auf rechts zur Hälfte legen (= 15 x 17 cm) und ringsum bis auf eine ca. 5 cm breite Wendeöffnung zusammennähen. Die Tasche wenden und bügeln, dabei die Nahtzugaben an der Öffnung ebenfalls nach innen bügeln. Die Oberkante schmal absteppen, dann die Tasche links auf rechts mittig und mit 3,5 cm Abstand zur Oberkante auf ein Futterteil legen. Die Seiten und die untere Kante schmal feststeppen, dabei wird die Wendeöffnung geschlossen. Das Futter wie den Außenstoff zusammennähen, jedoch mit einer ca. 10 cm großen Wendeöffnung in einer Seitennaht.

Die Tasche fertigstellen, wie auf Seite 6 ab Schritt 10 beschrieben.

Multitalent

Rucksack und Umhängetasche in einem

ca. 40 x 30 cm groß (ohne Riemen) | Schnittteile 4a bis e in Grau auf Bogen A

Material

- 80 cm Streifenstoff A, 140 cm breit
- 30 x 100 cm Stoff B in Grau
- 85 x 90 cm aufbügelbares Volumenvlies
- 120 x 40 cm Futter
- 2 Karabiner für 20 mm breites Band
- 2 D-Ringe für 30 mm breites Band
- 2 D-Ringe für 20 mm breites Band
- 1 zweiteiliges Steckschloss
- 25 cm Reißverschluss (Meterware, 25 mm breit) mit 1 Zipper
- Cuttermesser und Schneidebrettchen

Zuschnitt

(siehe Tipps auf Seite 62-63)

Die Teile, wie in den Zuschneideplänen zu sehen, zuschneiden.

Aus Stoff A: 2x 4f: 64 x 8 cm (Riemen)
1x 4g: 20 x 8 cm (Schlaufen für große D-Ringe)
1x 4h: 14 x 5 cm (Schlaufen für kleine D-Ringe)
Aus Vlies: 2x 4i: 64 x 5 cm
Aus Futter: 2x 4k: 2,5 x 8 cm

Die Vliesstreifen 4i mittig auf die linken Seiten der Streifen 4f bügeln. An einem Teil 4a den Ausschnitt für die aufgesetzte Tasche einschneiden. Den Taschenbeutel für die Innentasche aus Schnittteil 4a herauskopieren und aus Stoff B zuschneiden. Die Teile 4a aus Futter nur bis zur Futterlinie zuschneiden. Auf die linken Seiten der gelb gezeichneten Teile Vlies aufbügeln.

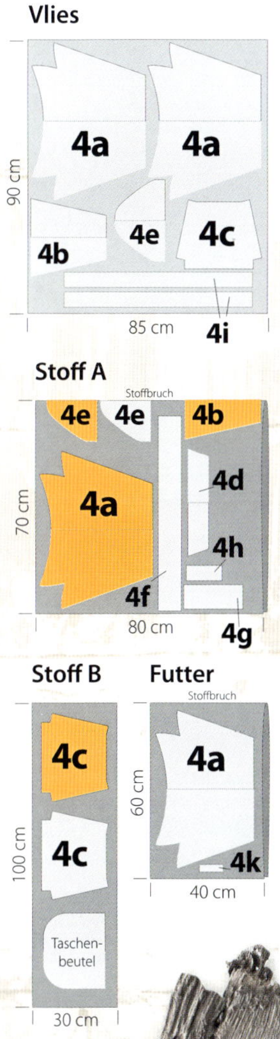

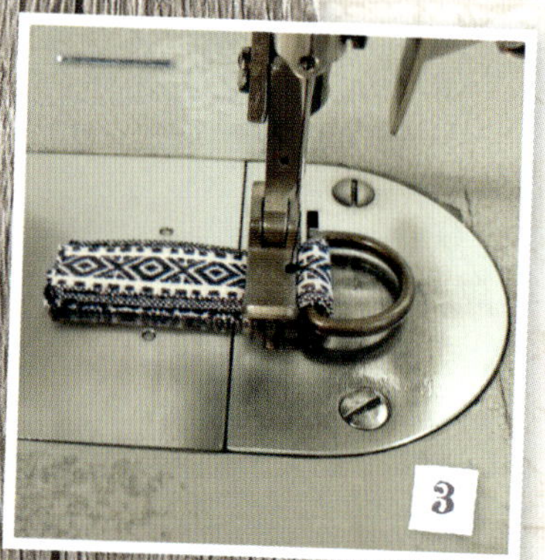

So geht's

1 Die Streifen 4f, 4g und 4h rechts auf rechts falten und die Längskanten an den Streifen 4f und 4g jeweils 1 cm breit, am kleinen Streifen 4h 0,5 cm breit aufeinandernähen, außerdem an den Streifen 4f jeweils an einem Ende auf den letzten 10 cm schräg nähen, sodass die Nahtzugabe am Streifenende 2 cm breit ist. Anschließend die Nahtzugaben hier auf 1 cm Breite zurückschneiden.

2 Die Naht in die Streifenmitte verschieben, die Nahtzugaben jeweils auseinanderbügeln und eine Schmalseite (bei 4f die schmalere Seite) zunähen. An den Riemen 4f die Nahtzugaben am zusammengenähten Streifenende schräg abschneiden. Alle Streifen wenden (siehe Seite 63), dabei an den Riemen die zugenähte Schmalseite gut ausbügeln, eventuell mit einem Holzstab herausdrücken und ausformen. An den beiden anderen Streifen die Naht an der Schmalseite abschneiden (hier war es nur eine Hilfsnaht zum Wenden) und die Streifen bügeln. Vom Streifen 4h zwei 6 cm lange Stücke, vom Streifen 4g zwei 7,5 cm lange Stücke abschneiden. Alle Streifen an den Außenkanten schmal absteppen.

3 Auf die kleinen Streifen die kleinen D-Ringe, auf die 7,5 cm langen Streifen die großen D-Ringe und auf die schmalen Enden der Riemen die Karabiner fädeln. Die kurzen Streifen jeweils links auf links zur Hälfte legen, die Enden der Riemen je 1 cm breit nach links umschlagen und die Stofflagen mit dem Reißverschlussfuß dicht neben den Ringen/Karabinern aufeinandernähen.

4 Die Teile für die aufgesetzte Tasche 4c an den unteren Ecken jeweils rechts auf rechts falten, sodass die Nahtzeichen ▲ aufeinandertreffen, und die Ecken abnähen. Dabei nur bis zum Ende der gestrichelten

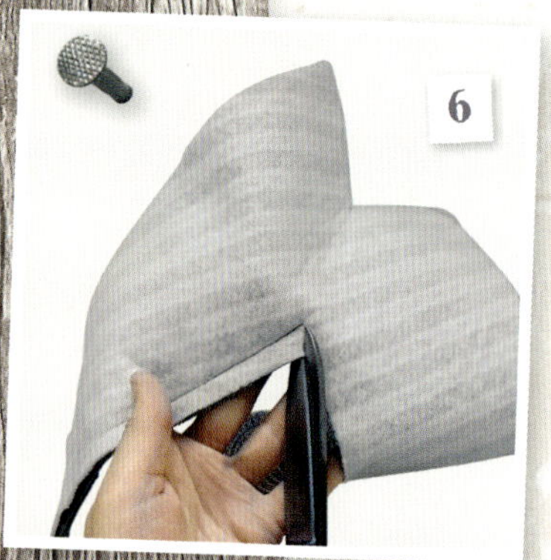

Linie nähen, der äußere Zentimeter, also die Nahtzugabe, bleibt offen. Dann beide Teile an der oberen Kante rechts auf rechts aufeinandernähen. Die Nahtzugaben an den „Knicken“ einschneiden, die Teile auf rechts wenden und die obere Kante schmal und 0,5 cm breit absteppen.

5 Die Tasche rechts auf rechts (die rechte Seite ist die mit dem aufgebügelten Vlies) auf das Vorderteil stecken und eine Seitenkante zwischen den Nahtzeichen ★ und ▲ festnähen. Die Naht endet an der Ecke der gestrichelten Linie, genau am ▲ bzw. am Ende der bereits bestenden Ecknaht der aufgesetzten Tasche (siehe auch im Schnitt).

6 Die Nahtzugabe am Taschenvorderteil bis zum Nahtende einschneiden.

7 Dann die Unterkante der aufgesetzten Tasche rechts auf rechts an das Vorderteil stecken und die 2. Kante festnähen, ebenfalls genau zwischen den Nahtzeichen von ▲ bis ▲. Um die Ecke leichter zu treffen, ggf. zuerst nur das fixierte Teil der Tasche annähen und anschließend mit einer 2. Naht das andere Teil. Die Nahtzugabe des Vorderteils wieder bis zum Nahtende einschneiden und die 3. Taschenkante (= andere Seitenkante) entsprechend annähen.

8 Der Einsatz ist die Rückwand der Tasche und schließt das Loch im Taschenkörper. Um den Einsatz in das Vorderteil zu nähen, eine Seite rechts auf rechts an das Vorderteil stecken (die bereits angenähten Taschenteile liegen dazwischen) und von der Oberkante aus nähen, dabei die bestehende Naht noch einmal übernähen und wieder genau am ▲ enden. Die Nahtzugabe des Vorderteils ist schon eingeschnitten, sodass man gleich die untere Kante annähen kann. Die letzte Seite entsprechend wieder bis zur oberen Kante annähen.

Die Nahtzugaben nach außen bügeln und die Naht schmal absteppen.

9 Die Schlaufen mit den kleinen Ringen, wie auf dem Bild zu sehen, auf die rechte Seite der Taschenrückseite nähen. Die Abnäher an den unteren Ecken von Vorderteil und Rückseite schließen, dazu die Taschenteile rechts auf rechts falten, sodass die Kanten des Abnähers aufeinanderliegen. Die Kanten 1 cm breit zusammennähen.
Vorderteil und Rückseite rechts auf rechts aufeinanderstecken und an Seiten- und Unterkante zusammennähen. Die Nahtzugaben auseinanderbügeln oder mit den Fingern auseinanderdrücken. Die Seitennähte zu beiden Seiten der Naht 0,5 cm breit absteppen.

10 Die Teile für die Taschenklappe 4e rechts auf rechts aufeinandernähen, nur die geraden Seiten bleiben offen. An den Rundungen aus den Nahtzugaben kleine Dreiecke ausschneiden, dann die Klappe wenden und bügeln. Die Kante schmal absteppen.

11 An der Taschenoberkante, mittig über einer Seitennaht, zuerst die Schlaufe mit dem großen D-Ring und darüber den Riemen annähen. Dabei liegen die Schnittkanten von Schlaufe und Riemen auf der Schnittkante der Taschenoberkante. Über der anderen Seitennaht Riemen und Schlaufe entsprechend befestigen, hier jedoch zuerst den Riemen und darüber den D-Ring annähen. Die Taschenklappe rechts auf rechts an die Oberkante der Taschenrückseite nähen, zwischen den Nahtzeichen ●.

12 Von der Oberkante eines Futterteils 1,5 cm über die gesamte Breite abschneiden, dann die Innentasche wie auf Seite 5, Schritt 7 bis 9, beschrieben einnähen. Dabei die Streifen 4k an die Reißverschlussenden nähen und an der Oberkante statt des auseinanderge-

9

10

11

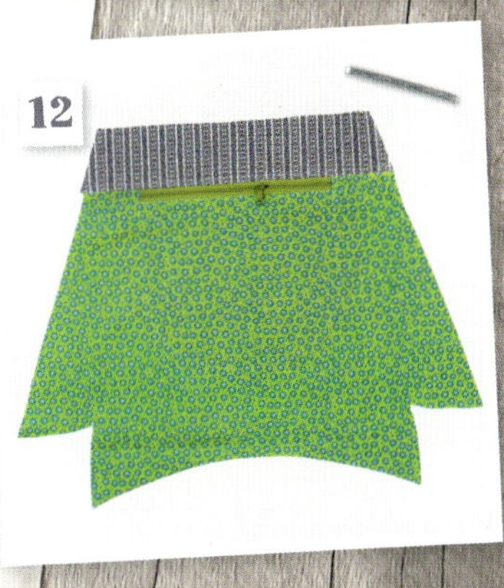
12

schnittenen Futterteils den Futterbesatz 4d annähen. Die Futterteile wie Taschenvorderteil und Rückseite zusammennähen, allerdings an einer Seitennaht eine ca. 12 cm große Wendeöffnung frei lassen.

13 Das Futter auf rechts wenden und in die Außentasche stecken, so liegen die Teile rechts auf rechts aufeinander. Beide Teile an der Oberkante rundum zusammennähen, die Tasche wenden, bügeln und die Oberkante schmal und 0,5 cm breit absteppen.

14 Das Oberteil des Steckschlosses mittig an der Unterkante der Klappe befestigen, das Unterteil, wie im Schnittteil 4c eingezeichnet, an der aufgesetzten Tasche anbringen. Um die nötigen Einschnitte machen zu können, das Schneidebrettchen in die Tasche schieben und den Stoff mit dem Cuttermesser vorsichtig einschneiden. Ein sehr kleiner Schnitt ist ausreichend.

Sommerlich

Strandtasche mit viel Stauraum

ca. 50 x 78 cm groß | Schnittteile 5a bis c auf Bogen A

Vlies

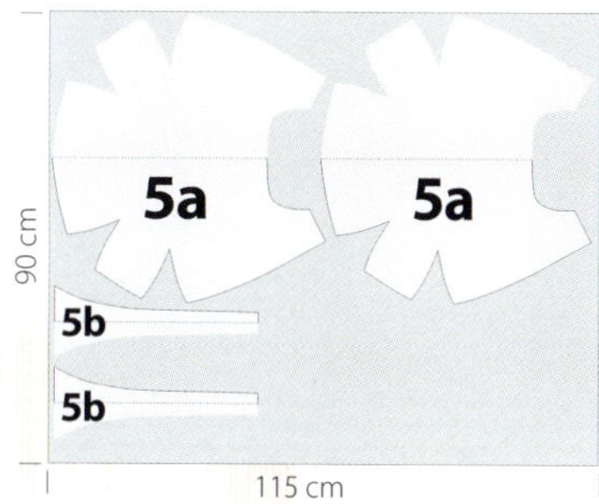

Stoff A

Stoff B

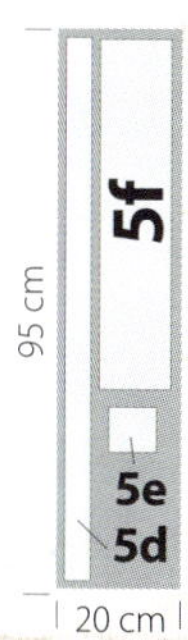

Futter

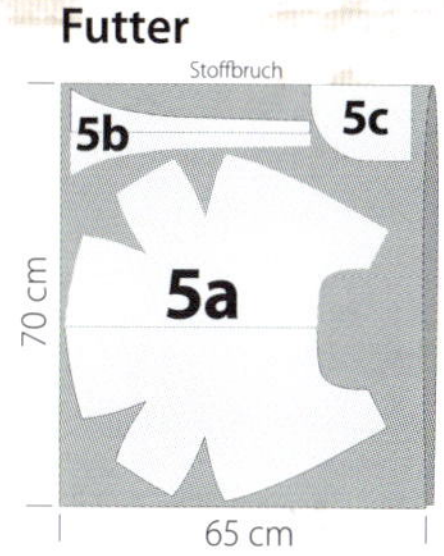

Material

- 60 cm Außenstoff A, 140 cm breit
- 20 x 95 cm Punktestoff B
- 65 cm Futter, 140 cm breit
- 115 cm aufbügelbares Volumenvlies, 90 cm breit
- 2 Karabiner für 15 mm breites Band
- 30 cm Reißverschluss (Meterware, 25 mm breit) mit 1 Zipper
- 2 x 2 cm Klettband, jeweils Haken- und Flauschband

Zuschnitt

(siehe Tipps auf Seite 62-63)

Die Teile, wie in den Zuschneideplänen zu sehen, zuschneiden.

Aus Stoff B: 1x 5d: 90 x 4,5 cm

1x 5e: 8 x 7,5 cm

1x 5f: 58 x 12 cm

Auf die linken Seiten der gelb gezeichneten Teile Vlies aufbügeln.

So geht's

1 Die Längskanten der Teile 5d und 5e jeweils 0,5 cm breit rechts auf rechts aufeinandernähen. Die Nahtzugaben auseinanderbügeln und jeweils ein Ende des Streifens zunähen. Die Teile wenden (siehe Seite 63). Den Streifen 5d in ein 70 cm langes Stück für das Schlüsselband und ein 15 cm langes Stück für die Karabinerschlaufe teilen.

Am Streifen 5e die zugenähte Seite von innen mit einem Stab herausdrücken, sodass eine schöne rechtwinklige Kante entsteht.

2 Die Innentasche im Futter, wie auf Seite 5 unter Schritt 7 bis 9 beschrieben, nähen. Das Schlüsselband oberhalb der Taschennaht 0,75 cm breit an eine Seitenkante nähen.

3 Die Abnäher in den Teilen 5a schließen. Dazu die Abnäherkanten rechts auf rechts aufeinanderlegen, 1 cm breit zusammennähen und die Naht zur Spitze hin auslaufen lassen.

4 Das Taschenteil über ein Ärmelbrett ziehen und die Abnäher flach bügeln.

Die Taschenteile 5a rundum rechts auf rechts aufeinandernähen. Dabei die aufeinandertreffenden Nahtzugaben der Abnäher jeweils in unterschiedliche Richtungen legen. Die Nahtzugaben in eine Richtung bügeln und die Naht schmal und 0,5 cm breit absteppen.

5 Einen Karabiner auf den vorbereiteten Streifen fädeln, den Streifen zur Schlaufe legen und an die obere Kante von Teil 5a nähen. Nähen Sie den Karabiner an der Seite an, die beim Tragen der Tasche nach vorne zeigt.

Castle

6 Die Riementeile 5b rechts auf rechts an die Oberkanten der zusammengenähten Teile 5a nähen. An den Seiten stehen von den Nahtzugaben der Riementeile kleine Dreiecke über (siehe Pfeile im Foto). Damit eine durchgehende, geschwungene Kante entsteht, ist es wichtig, dass die Kanten der Teile am Beginn und Ende der Naht - also da, wo Sie die Nähmaschinennadel zum Nähen ansetzen bzw. die Naht endet - aufeinandertreffen.

7 Für die Handytasche den Streifen 5f links auf links zur Hälfte bügeln (= 29 x 12 cm) und 13 cm vom Stoffbruch entfernt an beiden Seiten des Streifens die Unterkante der Handytasche markieren. 0,5 cm neben dem Stoffbruch das Flauschband mittig auf den Streifen nähen.

8 Die Schmalseiten an den Markierungen falten: die obere Seite nach oben, die untere nach unten, sodass außen jeweils die linken Stoffseiten zu sehen sind. Die Seiten 1 cm breit aufeinandernähen. Die Nahtzugaben an den unteren Ecken schräg abschneiden, die Tasche wenden und bügeln.

9 Auf die Unterseite des vorbereiteten Streifens 5e das Hakenband nähen, ca. 0,5 cm vom geschlossenen Ende entfernt. Wer möchte, kann auf die Vorderseite ein kleines Motiv vom Außenstoff aufnähen, um die Nähte rundum das Klettband zu verdecken. Das Aufnähen gelingt am besten freihand. Dazu den Quiltfuß einsetzen, den Transporteur absenken oder abdecken (Näheres dazu finden Sie in der Gebrauchsanweisung Ihrer Nähmaschine) und eventuell die Oberfadenspannung etwas lockern. Dann das Stoffstück mit mehreren, nicht ganz geraden Linien aufnähen.

10 Die Futterteile wie die Außentasche zusammennähen, allerdings nur die Ansatznähte der Riemen

absteppen und in der Naht zwischen den Taschenteilen 5a eine ca. 12 cm große Wendeöffnung frei lassen.
Die Handytasche mit den offenen Kanten oben an die Futterrückseite nähen (siehe Schnitt). Dann den Verschluss 5e über der Handytasche festnähen, sodass die Klettstreifen etwas versetzt aufeinandertreffen. Die Kletteile treffen dann später passend aufeinander, wenn die Tasche gefüllt ist.

10

11 Die Futtertasche auf rechts wenden und in die Außentasche stecken, sodass beide Taschen rechts auf rechts aufeinanderliegen. An den Enden der Riemen die Futterteile 1 cm breit nach links einschlagen. Beide Taschenteile aufeinanderstecken. Damit das Futter später an den Seitenkanten der Riemen nicht zu sehen ist, die Nahtzugaben des Futters hier an den Seiten etwa 2 bis 3 mm überstehen lassen.
Futter- und Außentasche an beiden Kanten aufeinandernähen, nur die Enden der Riemen bleiben offen.
Die Nahtzugaben an den Rundungen einschneiden, die Tasche wenden.

11

12 Die Riemenenden der Außentasche rechts auf rechts aufeinanderlegen und zusammennähen. Das Futter ist an dieser Stelle schon nach links eingeschlagen und wird nicht mitgefasst.
Die Nahtzugaben auseinanderdrücken und in das Futter schieben. Die Öffnung im Futter mit Staffierstichen schließen (siehe Schritt 12 auf Seite 6).
Die Nähte an den Riemen ausbügeln und die Kanten jeweils schmal und 0,5 cm breit absteppen.

12

13 Die Nahtzugaben an der Wendeöffnung im Futter 1 cm breit nach links einschlagen und die Kanten schmal aufeinandersteppen.
Den 2. Karabiner auf das Schlüsselband fädeln, das Ende nach links umschlagen und festnähen.

13

Raumwunder

Beuteltasche mit Magnetverschluss

ca. 50 x 78 cm groß (s. hintere Tasche auf Seite 19) | Schnittteile 6a bis e auf Bogen A

Material

- 90 cm Leinen A (ohne Muster und Richtung), 140 cm breit
- 40 cm Stoff B, 140 cm breit
- 55 cm Futter, 140 cm breit
- 115 cm aufbügelbares Volumenvlies, 90 cm breit
- 1 Magnetverschluss mit Lederbesätzen
- 1 Karabiner für 15 mm breites Band

Zuschnitt

(siehe Tipps auf Seite 62-63)
Die Teile 6e und 6d grob (= rundum ca. 2 cm größer als die Schablonen) aus Vlies zuschneiden. Dann die Teile, wie im Zuschneideplan zu sehen, auf die linke Seite von Stoff B bügeln, jedoch noch nicht zuschneiden. Die anderen Teile, wie in den Zuschneideplänen zu sehen, zuschneiden.
Aus Futter: 1x 6g: 70 x 4,5 cm
Die Teile 6a aus Futter nur bis zur Futterlinie zuschneiden. Auf die linken Seiten der gelb gezeichneten Teile Vlies aufbügeln.

Vlies

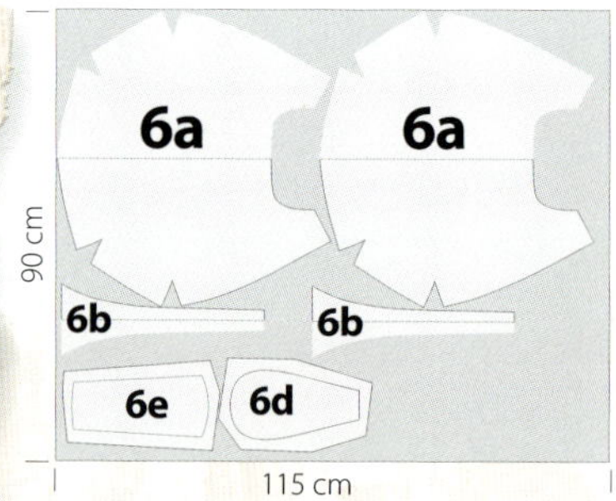

Stoff A

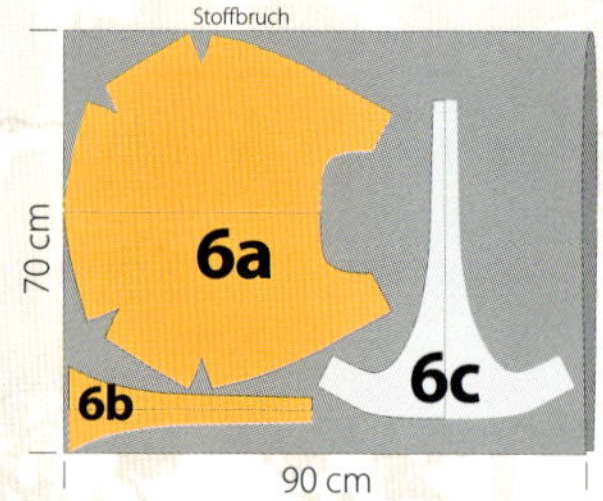

Stoff B

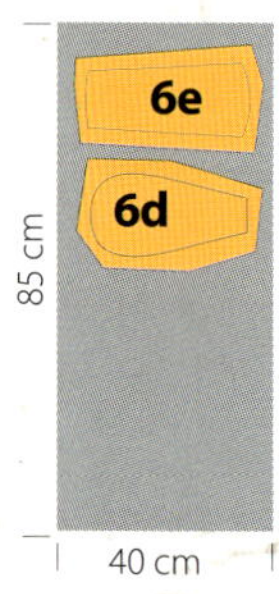

Futter

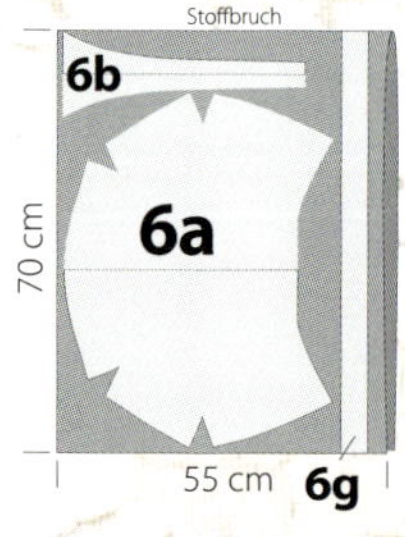

So geht's

1 Das Schlüsselband 6g wie für Tasche 5 unter Schritt 1 (Seite 17) beschrieben, die Futterteile 6a wie unter Schritt 3 bis 4 (Seite 18) beschrieben zusammennähen, jedoch eine Wendeöffnung frei lassen. Das Schlüsselband an die Oberkante eines Futterteils nähen. Die

Teile 6c an den Seiten rechts auf rechts zusammennähen, die Nahtzugaben auseinanderbügeln. Dann die Teile 6c an die Oberkante der Futterteile nähen, dabei die Nahtzeichen ★ beachten: Die Nähte der Teile 6c treffen auf die Mitten der Futterteile. Die Nahtzugaben auseinanderbügeln.

2 Aus Stoff B die fixierten Teile grob ausschneiden und rechts auf rechts auf den restlichen Stoff legen. Mithilfe der Schablonen 6e und 6d die exakten Umrisse aufzeichnen und die Stofflagen jeweils auf dieser Linie zusammennähen. Nur die kurzen Seiten bleiben offen.

3 Die Nahtzugaben an den Ecken von Teil 6e schräg abschneiden, an den Rundungen von Teil 6d kleine Dreiecke aus den Nahtzugaben herausschneiden. Die Teile wenden. Teil 6d rundum schmal und 0,5 cm breit absteppen.

4 Teil 6e wie eingezeichnet auf ein Teil 6a stecken und ebenfalls schmal und 0,5 cm breit absteppen. Dabei wird das Teil gleichzeitig aufgenäht.

5 Die Tasche so zusammennähen, wie auf Seite 18 bei Tasche 5 ab Schritt 3 beschrieben, jedoch statt der Handytasche den Verschluss 6d, und zwar rechts auf rechts, an die Oberkante der Taschenrückseite nähen.

6 Die Tasche wie beschrieben fertigstellen. Die Magnetverschlussteile, wie im Schnitt eingezeichnet, auflegen, die Position überprüfen und die Teile von Hand aufnähen.

Mini-Hobo

Schlüsselanhänger und Notgroschenbeutel

ca. 7 x 11 cm groß | Schnittteil 7 auf Bogen A

Material

- 12 x 25 cm Stoff
- 10 cm Reißverschluss (Meterware, 25 mm breit) mit 1 Zipper
- 15 bis 18 cm Kordel, Ø ca. 5 mm
- 1 Schlüsselring, ca. 25 mm

Zuschnitt

(siehe Tipps auf Seite 62-63)

Den Stoff rechts auf rechts zur Hälfte falten, das Schnittteil aufzeichnen. Beide Stofflagen gleichzeitig zuschneiden, die Nahtzeichen für die Abnäher durch kleine Einschnitte in die Nahtzugaben auf den Stoff übertragen. Dann aus einem Teil in der Mitte wie eingezeichnet einen 0,5 cm breiten Streifen herausschneiden.

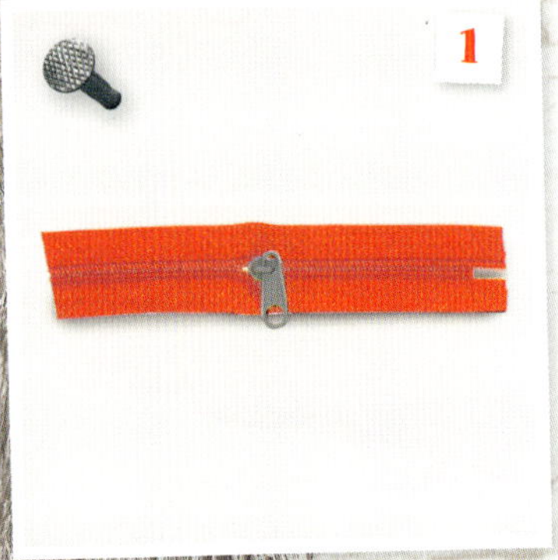

1

2

So geht's

1 Die beiden Seiten des Reißverschlusses 2 cm auseinanderziehen und an einem Band die Zähnchen ca. 5 mm weit abschneiden (nur die Zähnchen, nicht das Band). Dann den Zipper mit der breiten Seite zuerst auf das andere Band fädeln, die Seite mit den abgeschnittenen Zähnchen an der 2. Seite auf den Zipper schieben, die Bandenden unterhalb des Zippers festhalten und ihn auf den Reißverschluss ziehen. Jetzt ist der Zipper in der Mitte des zu beiden Seiten geschlossenen Reißverschlusses.

2 Die auseinandergeschnittenen Teile rechts auf rechts 0,5 cm breit an die Reißverschlussbänder nähen.

Dabei darauf achten, dass sich der Reißverschluss von oben nach unten öffnet und die Stoffteile in gleicher Höhe auf dem Reißverschluss sitzen. Der Reißverschluss ist lang genug, um den Zipper so weit nach unten zu schieben, dass er beim Nähen nicht stört. Die Teile nach außen bügeln und schmal und 0,3 bis 0,4 cm breit absteppen. So wird die Nahtzugabe auf der Innenseite fixiert. Den Zipper wieder in die Reißverschlussmitte ziehen.

3 Die Abnäher schließen. Dazu den Stoff rechts auf rechts falten, sodass jeweils die Markierungen eines Abnähers genau aufeinanderliegen. Die Naht an der Markierung beginnen und schräg zum Rand auslaufen lassen.

4 Den Reißverschluss leicht öffnen. Die Teile an der großen und der kleinen Rundung rechts auf rechts aufeinandernähen. Dabei die aufeinandertreffenden Abnäher jeweils in unterschiedliche Richtungen legen.

5 Die Nahtzugaben an den Rundungen in kleinen Abständen bis dicht an die Naht einschneiden.

6 Den Schlüsselring auf die Kordel ziehen. Die Kordelenden von innen durch die oberen Öffnungen stecken und die Öffnungen zunähen, dabei die Kordelenden festnähen. Die Nahtzugaben versäubern und den Mini-Hobo wenden.

Ruckzuck genäht

Ganz schnell vom Tischset zur Tasche

ca. 50 x 35 cm groß

Material

- 1 Tischläufer in Rippenoptik, ca. 35 x 130 cm groß
- 1 geflochtener Taschengriff, ca. 65 cm lang, mit Ringen zur Befestigung
- wasserlöslicher Markierstift

Zuschnitt

An einer Schmalseite die eingefasste Kante und einen 5 cm breiten Streifen abschneiden.

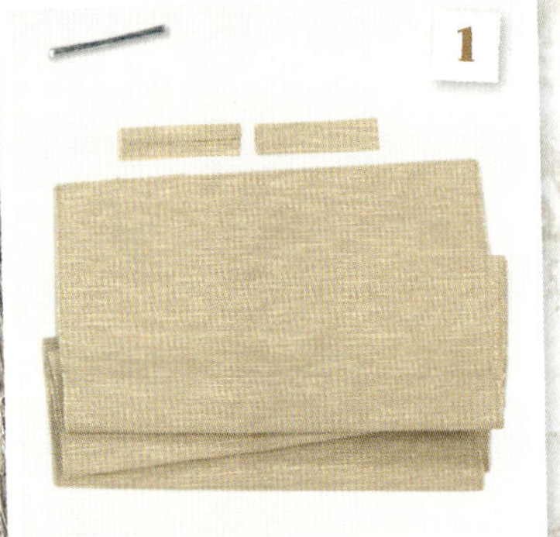

1

2

So geht's

1 Die abgeschnittene Kante mit Einfassung wird nicht verwendet. An den anderen beiden Teilen die Schnittkanten mit Zickzackstichen versäubern. Von dem 5 cm breiten Streifen 2 Stücke à 10 cm für die Schlaufen abschneiden. Die Längskanten jeweils nach links bügeln, sodass sie in der Streifenmitte zusammenstoßen. Die Kanten 1 cm breit abnähen.

2 Die Positionen der Kellerfalten errechnen: Die Längskante des großen Teils messen, hier sind es 122 cm. Von dem Betrag 90 abziehen (= 32 cm) und das Ergebnis durch 4 teilen (= 8 cm).
Die 1. Kellerfalte sitzt hier also 9 cm von der Schmalseite entfernt (die errechneten 8 cm + 1 cm Nahtzugabe), dann folgen 4 Falten im Abstand von 11 cm, nach weiteren 8 cm ist die Rechteckmitte. Von hier aus wieder eine Falte im errechneten Abstand und dann 4 Falten mit

11 cm Abstand zueinander durch Stecknadeln markieren. Die Falten sollen 8 cm tief abgenäht werden. Dafür mit dem Markierstift 8 cm unterhalb der Kante auf der linken Stoffseite die Faltenenden aufzeichnen.

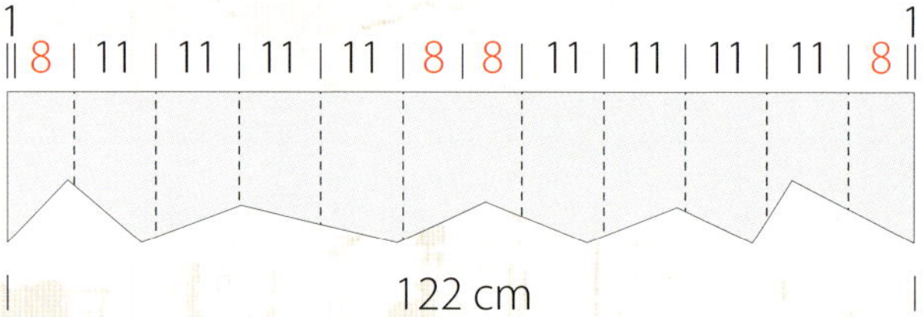

3 Das Rechteck an den Markierungen rechts auf rechts entlang der Rippen falten und die Kante jeweils 2,5 cm breit und 8 cm weit nach unten (bis zur Markierung) abnähen. So 10 Falten nähen (gestrichelte Linien in der Skizze = Faltenmitten).

4 Die Kellerfalten bügeln, sodass die Nähte über der Faltenmitte liegen. Dann die Falten rundum absteppen, zu beiden Seiten jeweils 1 cm neben der Naht und am unteren Ende.
Das Rechteck rechts auf rechts zur Hälfte falten und die Seiten- und Unterkante aufeinandernähen. Die Nahtzugaben auseinanderbügeln.

5 Die Tasche an den unteren Ecken auseinanderziehen, sodass die Seitennaht bzw. Seitenkante auf der Bodennaht liegt und an der Spitze jeweils ein Dreieck entsteht. Diese Dreiecke 6 cm von der Spitze entfernt abnähen. Die Nähte verlaufen im rechten Winkel zur Bodennaht.

6 Die Schlaufen durch die Ringe an den Taschengriffen ziehen, doppelt legen und die offenen Kanten jeweils mit Zickzackstichen aufeinandernähen. Die Schlaufen von innen mittig über der Seitennaht bzw. Seitenkante feststecken und von außen mit einer Naht in Quadratform festnähen.

Zweckentfremdet

Neue Aufgaben für einen Duschvorhang

ca. 54 x 38 cm groß (ohne Träger)

So geht's

1 Am Rechteck, wie in der Skizze eingezeichnet, die Taschenoberkanten mit Stecknadeln markieren.

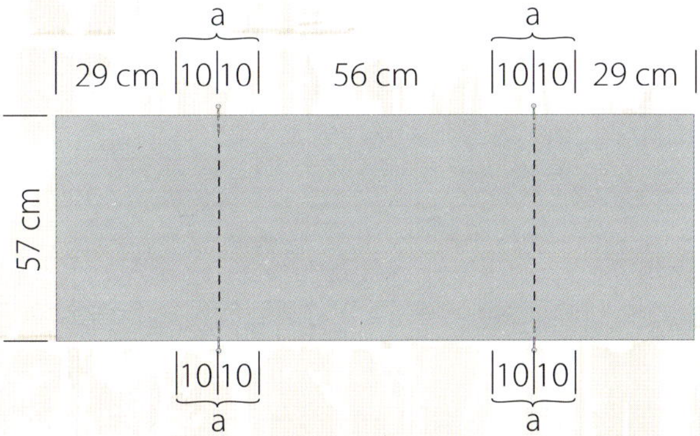

2 Den Stoff jeweils an den Stecknadeln entlang der gestrichelten Linie rechts auf rechts falten und die Kanten a für die oberen Taschenöffnungen aufeinandernähen. 1,5 cm ab der Kante mit der Naht beginnen, dann 8,5 cm weit nähen. Die Schmalseiten des Rechtecks 1 cm breit rechts auf rechts aufeinandernähen (= Bodennaht), dabei in der Mitte eine ca. 10 cm große Wendeöffnung frei lassen.

3 Mit der einen Hand die Bodennaht, mit der anderen die gegenüberliegende Seite fassen und den Stoff glatt ziehen, dabei ist die linke Stoffseite außen und in der Mitte stehen die abgenähten Taschenöffnungen ab. Die Kanten jeweils von außen bis genau zu den Nähten an den Taschenöffnungen schließen.
Die Tasche durch die Wendeöffnung wenden. Die Nahtzugaben an der Öffnung nach innen einschlagen und die Kanten schmal aufeinandernähen.

Material

- Duschvorhang oder 160 x 60 cm Stoff
- 2 Taschengriffe (gekaufte oder selbst gehäkelte, siehe Seite 32-33)
- 1 m Gummiband, 1 cm breit
- Sicherheitsnadel

Zuschnitt

1 Rechteck à 154 x 57 zuschneiden.

4 Die Taschenoberkanten (= gestrichelte Linien zwischen den oberen Enden der Taschenöffnungen in der Skizze unter Punkt 1) bei normalem Stoff einbügeln. Den (nicht bügelbaren) Duschvorhang an den oberen Kanten der Öffnungen anfassen, sodass sich das Gewebe an der Oberkante umlegt. Dann das Teil über eine Tischkante ziehen, damit sich ein Knick bildet. Für den Tunnel die Oberkanten 1,5 cm breit absteppen.

5 Jeweils die Hälfte des Gummibands in die entstandenen Tunnel einziehen. Das eine Ende 1,5 cm von der Öffnung entfernt festnähen.

6 Das Gummiband an der anderen Seite so weit herausziehen, dass die Kante auf 25 cm Breite zusammengezogen wird, und das Bandende ebenfalls 1,5 cm von der Öffnung entfernt festnähen.
Die Bandenden langziehen und so knapp wie möglich abschneiden, sodass die Enden in den Tunneln verschwinden.

7 Die Taschenöffnungen rundum schmal absteppen, dabei auch die Tunnelöffnungen schließen.

8 Die Taschengriffe oben an den Öffnungen annähen. Bei den gehäkelten Taschengriffen die Häkelkreise rundum annähen.

Fest im Griff

Gehäkelte Taschengriffe

Länge variabel

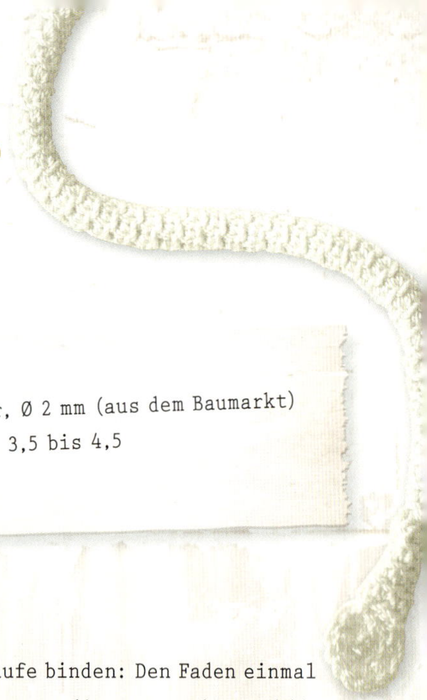

Material

- Polyamidschnur, Ø 2 mm (aus dem Baumarkt)
- Häkelnadel Nr. 3,5 bis 4,5
- Stopfnadel

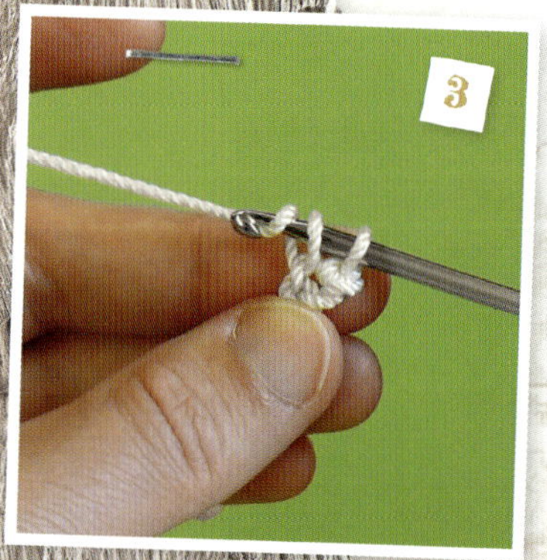

So geht's

1 Eine Anfangsschlaufe binden: Den Faden einmal um den Finger legen, unter die entstandene Schlinge führen und von unten nach oben durch die Schlinge hindurch eine Schlaufe bilden. Die Nadel in die Schlaufe stecken und den Faden anziehen.

2 2 Luftmaschen häkeln. Dazu die Nadel jeweils von unten nach oben um den Faden führen und den Faden durch die Schlinge auf der Nadel ziehen.

3 6 feste Maschen in die 1. der beiden Luftmaschen häkeln: Jeweils in die Luftmasche einstechen und den Faden holen. Jetzt sind 2 Schlingen auf der Nadel. Noch einmal den Faden holen und durch beide Schlingen ziehen.

4 Die Runde mit einer Kettmasche schließen. Dazu in die 1. feste Masche der Runde einstechen, den Faden holen und direkt durch die Masche und die Schlinge auf der Nadel ziehen. Das Rundenende mit einem andersfarbigen Faden markieren. In der nächsten Runde in jede Masche der Vorrunde 2 feste Maschen häkeln, dabei (und den folgenden festen Maschen) immer nur in das hintere Maschenglied einstechen = 12 Maschen.

Die 3. Runde beginnen: 2 feste Maschen in die 1. Masche der letzten Runde häkeln, in die folgende Masche 1 feste Masche arbeiten, in die nächste Masche wieder 2 feste Maschen häkeln.

5 In die folgende Masche 1 Kettmasche häkeln. Dann 3 Luftmaschen arbeiten, ...

6 ... das Häkelteil wenden und 1 Kettmasche in die 1. Masche der 3. Runde häkeln = 8 Maschen in der neu entstandenen Runde. Mit festen Maschen weiterhäkeln.

7 1½ Runden häkeln, dann auf der Rückseite 2 Maschen übergehen = 6 Maschen. Weiter in Runden feste Maschen häkeln, bis der Griff die gewünschte Länge minus 6 cm hat. Den Faden abschneiden und durch die letzte Schlinge ziehen.

8 Die Schritte 1 bis 6 wiederholen, jedoch nur ein 6 cm langes Stück häkeln. Den Faden abschneiden, durch die letzte Schlinge ziehen und vernähen.

9 Mit dem Endfaden des anderen Teils die beiden Stücke zusammennähen, dabei jeweils nur in ein Maschenglied einstechen und so die Teile möglichst unauffällig aneinandernähen.

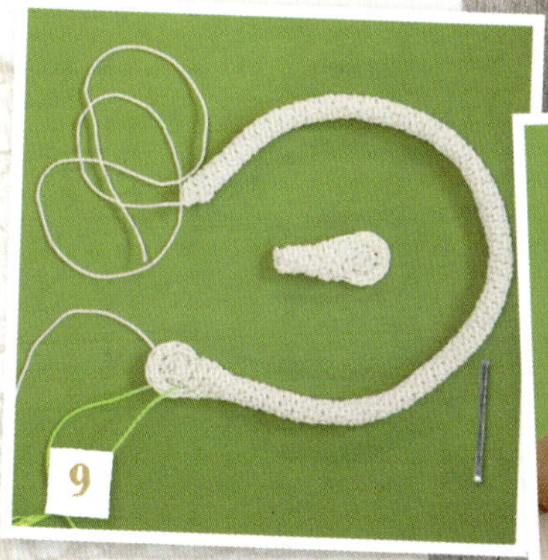

Runde Sache

Rundum zu - mit Reißverschluss und Kräuseltasche

ca. 36 x 26 cm groß (ohne Riemen) | Schnittteile 10a bis c auf Bogen B

Material

- 70 cm Baumwollstoff A, 115 cm breit
- 45 cm Blumenstoff B, 115 cm
- 100 cm aufbügelbares Volumenvlies, 90 cm breit
- 50 cm Futter, 120 cm breit
- 1 Metallreißverschluss, 30 cm lang (am besten ein nicht teilbarer, da die aber nicht überall zu bekommen sind, ist die Verarbeitung auch für einen teilbaren Reißverschluss beschrieben)
- 70 cm Gummikordel, Ø ca. 3 mm
- 1 Öse, Ø 5 mm
- Rest stabile Einlage, 1,5 x 1,5 cm (falls Sie das nicht haben, nehmen Sie ein Stückchen vom Volumenvlies)

Zuschnitt

(siehe Tipps auf Seite 62-63)

Die Teile, wie in den Zuschneideplänen zu sehen, zuschneiden.

Aus Stoff A, Vlies und Futter: je 1x 10d: 85 x 10 cm

Aus Stoff B, Vlies und Futter: je 1x 10e: 35 x 20 cm

Auf die linken Seiten der gelb gezeichneten Teile Vlies aufbügeln.

Dann aus 10e jeweils folgende Teile zuschneiden:

2x 10f: 34,5 x 5 cm

2x 10g: 6 x 10 cm

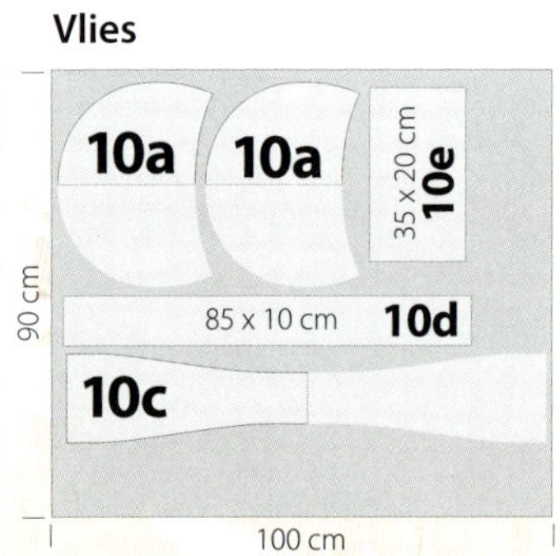

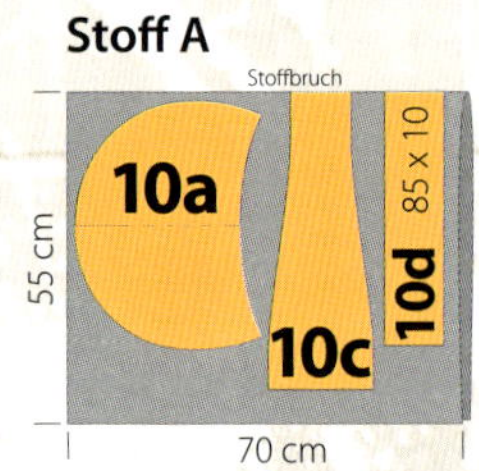

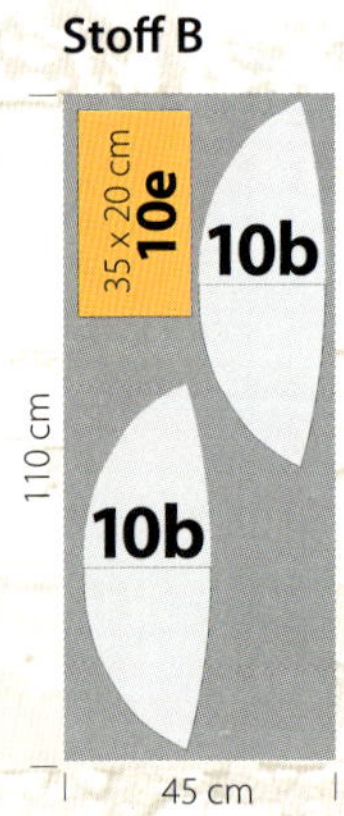

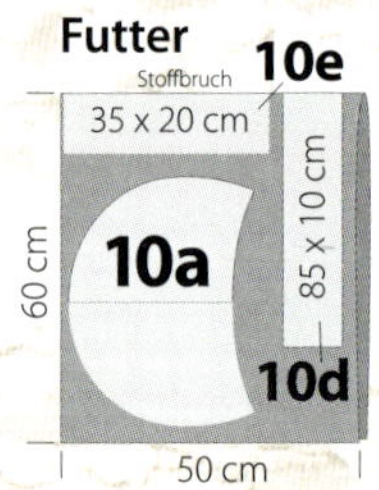

So geht's

1 Die Teile 10b an der oberen (= weniger gerundeten) Kante 1 cm breit rechts auf rechts zusammennähen. In der Mitte, dicht unter der Naht das Stückchen Einlage aufbügeln. Die Naht ausbügeln und die Teile auf

rechts wenden. Die Kante schmal absteppen. In der Mitte des verstärkten Teils, dicht unter der Kante, die Öse einschlagen.

2 Die Gummikordel zwischen den Stofflagen dicht an die obere Kante legen, durch die Öse eine kleine Gummischlaufe auf die rechte Seite schieben und mit einem Knoten sichern. Dann mit dem Reißverschlussfuß (damit man dicht an der Öse vorbeinähen kann) die Kante erneut absteppen, diesmal 1,5 cm breit, sodass ein Tunnel entsteht, in dem die Gummikordel liegt. Die Gummikordel dabei nicht mitfassen.

3 Am Knoten ziehen und die Oberkante damit auf 40 cm zusammenziehen, dabei aufpassen, dass die Kordelenden nicht in den Tunnel rutschen. Einen 2. Knoten in die Kordel binden, um diese Weite zu fixieren. Die Kordelenden an den äußeren Kanten der Stoffteile festnähen. Die aufgesetzte Tasche mit 0,75 cm Nahtzugabe auf das Taschenvorderteil nähen, dabei treffen die Nahtzeichen ★ aufeinander.

4 An den Streifen 10d, wie in der Skizze zu sehen, an den Längsseiten Nahtzeichen durch kleine (!) Einschnitte in die Nahtzugaben markieren.

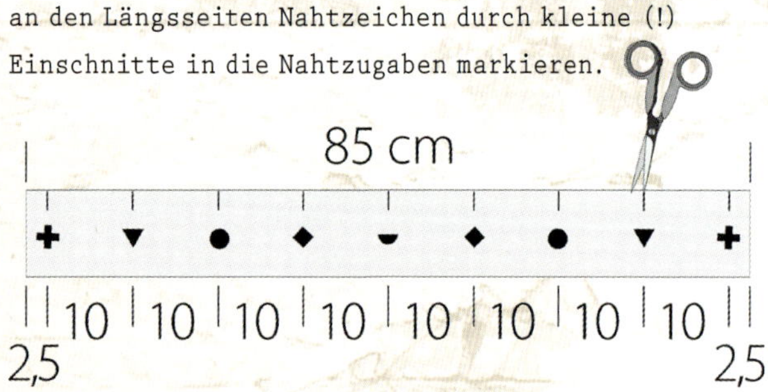

5 Den Streifen 10d aus Stoff A mithilfe der Nahtzeichen 1 cm breit an das Taschenvorderteil nähen.

6 Die Nahtzugaben in ungefähr 1 cm großen Abständen einschneiden und in den Streifen bügeln. Die Naht schmal absteppen. Die Taschenrückseite entsprechend an die andere Seite des Streifens nähen.

7 Für den Reißverschlussstreifen die Teile 10f (aus Stoff B) rechts auf rechts und mit 0,5 cm Nahtbreite an die Längskanten des Reißverschlusses nähen. Um an dem Zipper vorbeinähen zu können, die Nadel im Stoff lassen, das Füßchen anheben und den Zipper vorsichtig an der Nadel vorbeiziehen.

8 Die Streifen 10f aus Futter rechts auf rechts auf die schon angenähten Stoffstreifen legen - der Reißverschluss liegt dazwischen - und jeweils genau über der bereits bestehenden Naht den Futterstreifen annähen. Bei einem teilbaren Reißverschluss kann man den Reißverschluss ganz öffnen und beide Teile getrennt bearbeiten. Die Streifen nach außen bügeln und schmal und 0,5 cm breit absteppen.

9 Die Streifen 10g an die Schmalseiten des Reißverschlussstreifens nähen. Wieder zuerst den Streifen aus Stoff B rechts auf rechts annähen, diesmal jedoch mit 1 cm Nahtbreite. Dabei am nicht teilbaren Reißverschluss den Streifen dicht neben dem Reißverschlussende aufnähen. Beim teilbaren den Streifen am unteren Ende des Reißverschlusses so aufnähen, dass das letzte Stück des Reißverschlusses verdeckt wird und er nicht mehr ganz geöffnet werden kann. Dabei auf keinen Fall über die Metallzähnchen nähen, da die Nadel sofort bricht. Stattdessen bis dicht an die Zähnchen nähen, verriegeln und auf der anderen Seite der Zähnchen weiternähen. Am oberen Ende bei beiden Varianten den Streifen dicht neben dem Reißverschlussende aufnähen. Die Futterstreifen, wie oben beschrieben, auf der Unterseite des Streifens annähen. Die Stoffe wieder nach außen bügeln und schmal und 0,5 cm breit absteppen, dabei wieder darauf achten, nicht über die Metallzähnchen zu nähen.

10 Den Reißverschlussstreifen auf eine Größe von 38,5 x 10 cm zuschneiden. Der Reißverschluss soll möglichst genau in der Mitte liegen.

11 Den Riemen 10c längs rechts auf rechts zur Hälfte falten und die Längskanten mit 1 cm Nahtbreite zusammennähen. Die Nahtzugaben auseinanderbügeln und den Riemen so legen, dass die Naht in der Mitte liegt. Dann an einem Ende mit großem Stich und ohne Verriegelung die Öffnung zunähen. Den Riemen wenden, siehe Seite 63. Die Naht am Ende wieder auftrennen, den Riemen bügeln und an beiden Längskanten schmal und 0,5 cm breit absteppen. Die Riemenenden rechts auf rechts an die oberen Kanten des Streifens 10d nähen.

12 + **13** Den Reißverschlussstreifen mit geöffnetem Reißverschluss an die obere Kante nähen. Dazu den Streifen zuerst rechts auf rechts mit einer Längskante an die Vorderseite stecken (falls Sie die Tasche beim Tragen in einer bestimmten Richtung öffnen wollen, müssen Sie den Streifen hierfür entsprechend feststecken) und genau zwischen den Nähten feststeppen. Die Naht beginnt und endet also 1 cm neben der Kante des Streifens.
Dann die Nahtzugaben des Vorderteils bis an das Nahtende schräg einschneiden, den Streifen an die nächste Kante stecken und entsprechend annähen.
So fortfahren, bis der Streifen rundum angenäht ist.

14 Für das Futter den Streifen 10d wie oben beschrieben an Vorderteil und Rückseite nähen, dabei jedoch an einer Seite eine ca. 15 cm große Wendeöffnung frei lassen und die Nähte an der Oberkante nur bis 1 cm vor der Stoffkante schließen.
Das Futter ebenfalls rundum, wie oben beschrieben, an den Reißverschlussstreifen nähen, sodass die Futterseiten rechts auf rechts aufeinanderliegen. Da die Nähte nicht bis zum Rand geschlossen sind, müssen hierbei die Nahtzugaben nicht eingeschnitten werden. Die Tasche wenden, die Nahtzugaben an der Wendeöffnung 1 cm breit nach links einschlagen und die Kanten schmal aufeinandersteppen.

Wandelbar

Tasche mit austauschbarem Riemen

ca. 36 x 26 cm groß (ohne Riemen) | Schnittteile 11a bis d auf Bogen B

Material

- 60 cm fester Stoff A, 140 cm breit
- 55 cm Punktestoff B, 140 cm breit*
- 95 cm aufbügelbares Volumenvlies, 90 cm breit
- 35 cm Futter, 140 cm breit
- 1 zweiteiliges Steckschloss*
- 1 Gürtelschnalle für 4 cm breite Gürtel*
- 4 einschlagbare Druckknöpfe, Ø 15 mm*
- 4 Ösen mit Scheiben, Ø 5 mm*
- 1 Karabiner, 15 mm breit
- für die Innentasche (optional): 25 cm Reißverschluss (Meterware, 25 mm breit) mit 1 Zipper
- Für einen zusätzlichen Riemen und Verschluss aus einem anderen Stoff, wie auf Seite 40 zu sehen, brauchen Sie die mit * gekennzeichneten Materialien ein zweites Mal und zusätzlich 30 x 95 cm Volumenvlies.

Zuschnitt

(siehe Tipps auf Seite 62-63)

Die Teile, wie in den Zuschneideplänen zu sehen, zuschneiden.

Aus Stoff A: 1x 11e: 85 x 8 cm
1x 11g: 80 x 5 cm
2x 11h: 11 x 8 cm

Aus Stoff B: 2x 11f: 95 x 10 cm
1x 11k: 10 x 5 cm

Aus Vlies: 2x 11m: 95 x 6 cm
1x 11e 85 x 8 cm

Aus Futter: 1x 11i: 67 x 8 cm
1x 11n: 80 x 3,5 cm

Auf die linken Seiten der gelb gezeichneten Teile Vlies aufbügeln. Die Vliesstreifen 11m mittig auf die Streifen 11f aus Stoff B bügeln.

Vlies

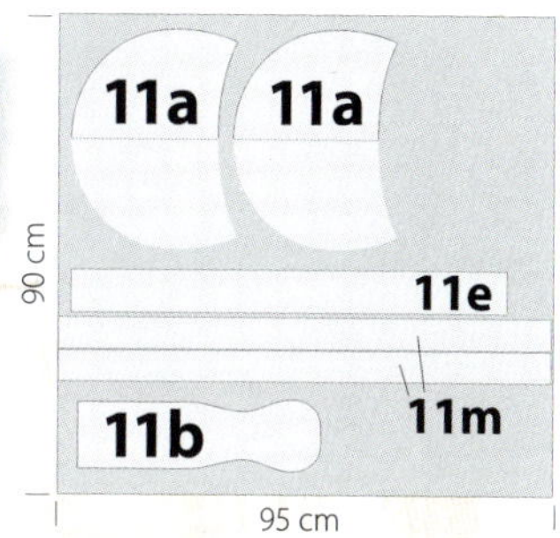

Stoff A

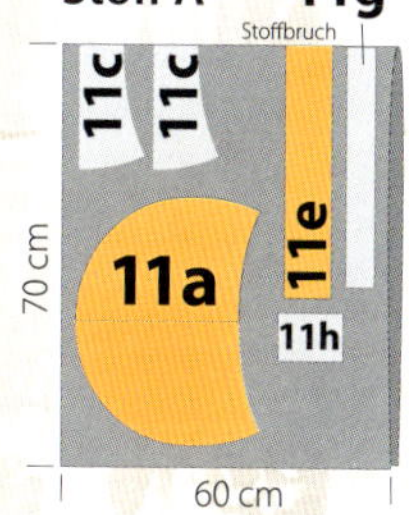

Stoff B

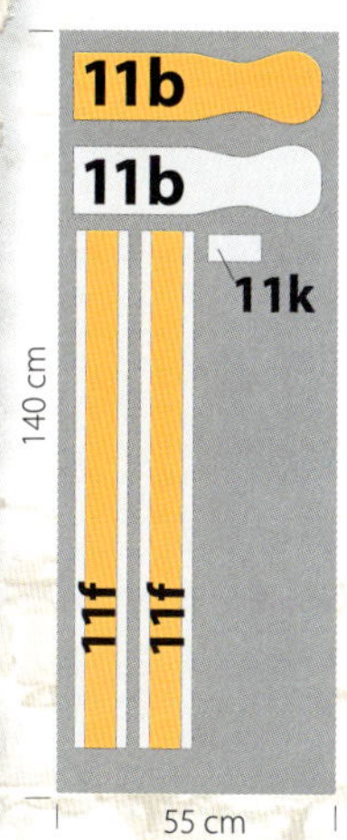

Futter

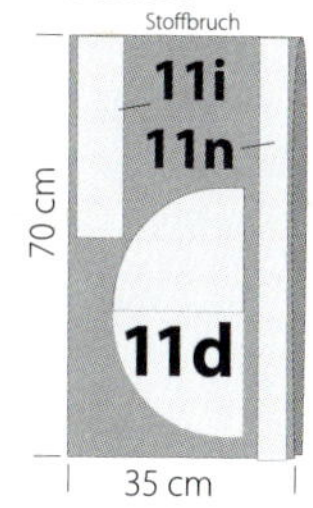

So geht's

Aus dem kompletten Streifen 11n wie auf Seite 16, Schritt 1, beschrieben ein Schlüsselband nähen.

1 Das Schlüsselband mittig rechts auf rechts an eine Schmalseite des Futterstreifens 11i nähen. Dann die Rechtecke 11h (Stoff A) rechts auf rechts an die Enden des Streifens nähen. Die Futterbesätze 11c rechts auf rechts an die Futterteile 11d nähen. Wer möchte, näht eine Innentasche in das Futter. Dazu aus den Futterresten 2 Streifen à 2,5 x 11 cm und einen Taschenbeutel zuschneiden. Von der Oberkante eines Futterteils 1,5 cm abschneiden, dann die Innentasche, wie auf Seite 5, Schritt 7 bis 9, beschrieben, einnähen. Hier an der Oberkante statt des auseinandergeschnittenen Futterteils den Futterbesatz 11c annähen.

2 Am zusammengesetzten Futterstreifen und am Streifen 11e (Stoff A) anhand der Skizze Nahtzeichen durch kleine (!) Einschnitte in die Nahtzugaben markieren.

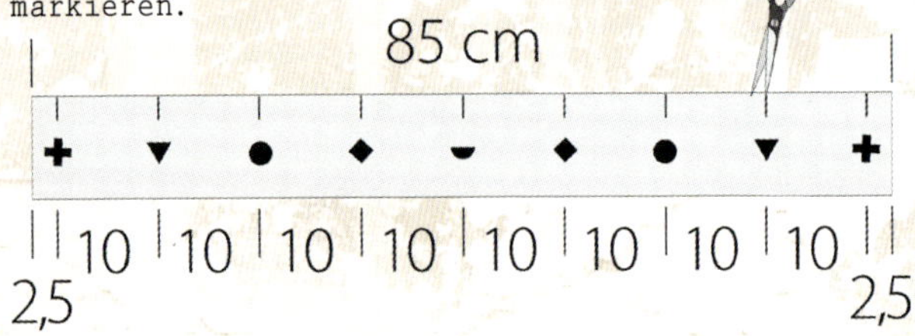

3 Für die Riemenschlaufen die Längskanten des Streifens 11g rechts auf rechts 0,5 cm breit aufeinandernähen. Die Naht in die Streifenmitte verschieben, die Nahtzugaben auseinanderbügeln und ein Ende des Streifens zunähen (= Hilfsnaht zum Wenden). Den Streifen wenden (siehe Seite 63), die Hilfsnaht abschneiden, den Streifen bügeln und 9 Schlaufen von 8 cm Länge zuschneiden. Die Schlaufen mit 0,7 cm Nahtzugabe mittig über den Nahtzeichen quer auf den Streifen 11e nähen.

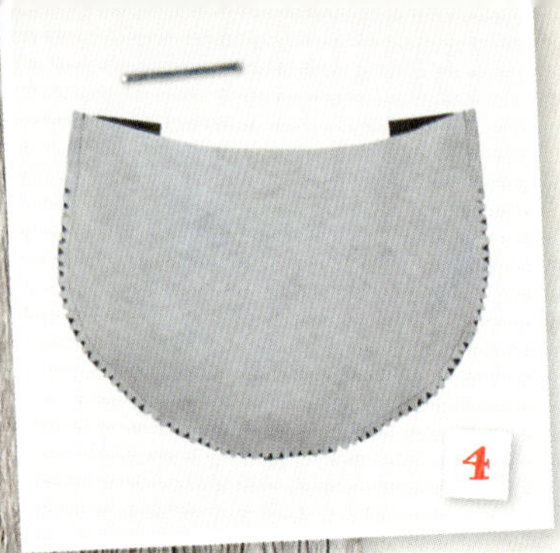

4

5

6

7

4 Den Streifen 11e mithilfe der Nahtzeichen an den Taschenkörper 11a nähen. Aus den Nahtzugaben kleine Dreiecke herausschneiden, die Nahtzugaben in den Taschenkörper bügeln und die Naht schmal absteppen. Das andere Teil 11a entsprechend annähen. Die Futterteile in gleicher Weise zusammennähen, dabei aber eine ca. 12 cm große Wendeöffnung frei lassen.
Das Futter auf rechts wenden und in die Außentasche stecken. Beide Teile an der Oberkante rundum rechts auf rechts zusammennähen, wenden, bügeln und die Oberkante schmal absteppen. Die Wendeöffnung schließen, siehe S. 6, Schritt 13.

5 Die beiden Riemenstreifen 11f an einer Schmalseite rechts auf rechts zusammennähen, sodass ein langer Streifen entsteht. Die Nahtzugaben auseinanderbügeln. Dann die Längskanten rechts auf rechts 1 cm breit aufeinandernähen, dabei in der Mitte, neben der Naht, eine 5 cm große Wendeöffnung frei lassen. Die Naht so verschieben, dass sie etwas versetzt zur Streifenmitte liegt, Nahtzugaben auseinanderbügeln und die Enden des Streifens zunähen. Den Streifen wenden (siehe S. 63) und rundum schmal absteppen.
Die Öffnung in der Streifenmitte mit Staffierstichen schließen, siehe Schritt 12 auf Seite 6.

6 Aus dem Rechteck 11k eine Gürtelschlaufe nähen. Die Längsseiten rechts auf rechts übereinanderlegen, 0,5 cm breit absteppen und den Streifen wenden (siehe S. 63). Die Längskanten schmal absteppen. Die Schmalseiten rechts auf rechts 0,5 cm breit aufeinandernähen, die Nahtzugaben auseinanderdrücken und festnähen. Die Schlaufe auf den Riemen schieben.

7 Die Ösen jeweils mittig wie folgt in den Riemen einschlagen (da die Naht des Riemens nicht genau in der Mitte liegt, wird sie durch die Ösen nicht zerschnitten). An einem Ende eine Öse mit 10 cm Abstand zur Kante anbringen, die Gürtelschlaufe auffädeln und den Dorn der Schnalle durch die Öse schieben. Das Riemenende so umschlagen und festnähen, dass die Schnalle an der Kante sitzt. Am anderen Riemenende die 1. Öse 16,5 cm von der Kante entfernt anbringen, die anderen jeweils mit 8 cm Abstand zueinander. Den Riemen durch die Schlaufen an der Tasche ziehen und in die richtige Position bringen. An den oberen Enden des Seitenstreifens 11e, jeweils unter der obersten Riemenschlaufe, ein Druckknopfoberteil anbringen. Die Unterteile entsprechend am Riemen anbringen, sodass die Tasche nicht über dem Riemen „zusammensackt".

8 Die Laschenteile 11b an der kurzen geraden Seite rechts auf rechts zusammennähen, wenden und schmal und 0,5 cm breit absteppen.

9 Die Teile zu beiden Seiten an den Nahtzeichen ● nach rechts umlegen. Für die Wendeöffnung an der blauen Linie die obere Stofflage zurückfalten und nicht mitfassen, hier also nur 3 Stofflagen aufeinandernähen.

10 Alle Kanten rundum aufeinanderstecken. Dabei die Nahtzugaben des Teils ohne Vlies an der schmalen Stelle und der Laschenrundung etwa 2 bis 3 mm überstehen lassen. Bis auf die kurze gerade Kante und die Wendeöffnung die Lagen 1 cm breit aufeinandernähen. Aus den Nahtzugaben an den Rundungen kleine Dreiecke ausschneiden. Die Lasche wenden, die Wendeöffnung von Hand schließen.

11 Die Druckknöpfe und die Steckschlossteile wie in den Schnittteilen eingezeichnet an Tasche und Lasche anbringen. Falls Sie eine Innentasche eingenäht haben, montieren Sie die Lasche an der gegenüberliegenden Seite, damit die Handytasche nicht über der Innentasche hängt. Den Karabiner auf das Schlüsselband fädeln, das Bandende nach links einschlagen und festnähen.

Großräumig

Gute-Laune-Tasche mit großer Klappe

ca. 44 x 28 cm groß (ohne Riemen) | Schnittteile 12a bis c auf Bogen B

Material

- 75 cm Baumwollstoff A, 140 cm breit
- 50 cm Futter, 140 cm breit
- 75 cm aufbügelbares Volumenvlies, 90 cm breit
- 1 zweiteiliger Drehverschluss
- 4 einschlagbare Nieten, Ø 10 mm
- 2 Taschenschnallen mit Ringkarabinern oder je 2 Karabiner und D-Ringe für 30 mm breites Band
- 1 Karabiner, 15 mm breit
- ggf. Schrägbandformer für 25 mm breites Schrägband
- Cutter und Schneidebrettchen

Zuschnitt

(siehe Tipps auf Seite 62-63)
Die Teile, wie in den Zuschneideplänen zu sehen, zuschneiden.

Aus Stoff A: 1x 12d: 26 x 17 cm
1x 12e: 110 x 7 cm
2x 12f: 12 x 7 cm
1x 12g: 80 x 5 cm
Aus Vlies: 2x 12h: 55 x 5 cm

Auf die linken Seiten der gelb gezeichneten Teile Vlies aufbügeln. Von den Taschenklappen 12b nur ein Teil verstärken. Die Vliesstreifen 12h mittig auf den Streifen 12e bügeln, in der Längsmitte des Streifens stoßen die Vliesstreifen aneinander.

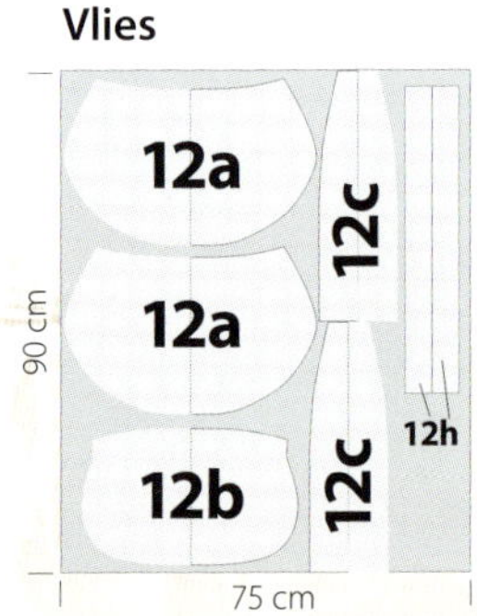

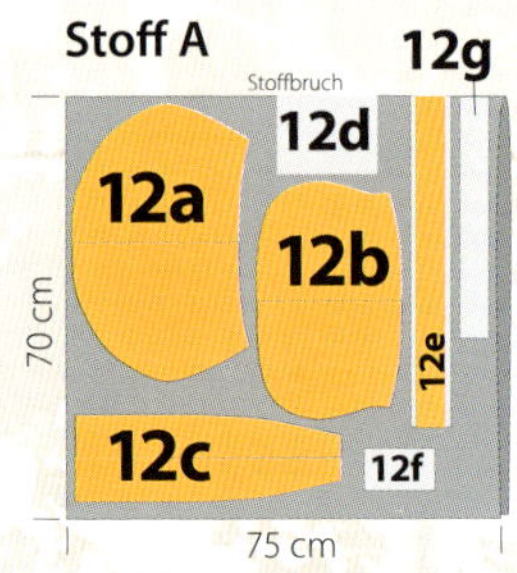

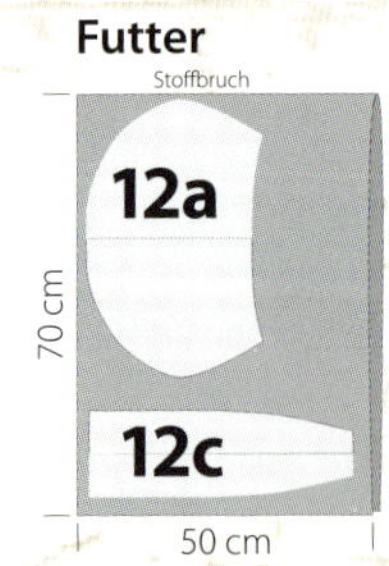

1

2

3

4

So geht's

1 Für die Innentasche das Rechteck 12d an der Unterkante (= lange Seite) und den Seitenkanten versäubern und 1 cm breit nach links bügeln. Die Oberkante 2-mal 1,5 cm breit nach links bügeln und den Umschlag schmalkantig absteppen. Die Innentasche, wie in Schnitt 12a eingezeichnet, an den Seiten- und der Unterkante auf das Futtertaschenteil nähen. Aus dem Streifen 12g ein Schlüsselband nähen. Dazu die Längskanten des Streifens 0,5 cm breit rechts auf rechts aufeinandernähen. Die Nahtzugaben auseinanderbügeln und ein Ende des Streifens zunähen. Das Teil wenden (siehe Seite 63). Das Schlüsselband, wie in Schnitt 12a eingezeichnet, auf die rechte Seite des Futterteils nähen.

2 Den Riemenstreifen 12e rechts auf rechts legen und die Längskanten 1 cm breit aufeinandernähen, dabei in der Mitte eine 5 cm große Wendeöffnung frei lassen. Die Naht in die Streifenmitte verschieben, die Nahtzugaben auseinanderbügeln und die Enden des Streifens zunähen. Den Streifen wenden (siehe S. 63) und rundum schmal absteppen. Die Wendeöffnung mit Staffierstichen schließen (siehe Schritt 12 auf S. 6).

3 Die Seitenstreifen 12c an den längeren Schmalseiten rechts auf rechts zusammennähen. Die Nahtzugaben auseinanderbügeln.
Seitenstreifen 12c und Taschenkörper 12a aus Außenstoff und Futter, wie auf Seite 42 unter Schritt 4 beschrieben, zusammennähen. Futter und Außenstoff jedoch noch nicht ineinanderstecken und zusammennähen!

4 Die Klappenteile 12b an der geschwungenen Kante (= Seiten- und Unterkante) rechts auf rechts aufeinanderstecken. Dabei die Nahtzugaben des Teils ohne Vlies etwa 2 bis 3 mm überstehen lassen. Dadurch beult sich das Teil mit Vlies etwas nach oben. Diese Mehrweite bewirkt, dass die Klappe hinterher nicht nach außen absteht und die Naht etwas nach innen gebügelt werden kann. Die Teile 1 cm breit aufeinandernähen, die Oberkante bleibt offen.

5 Aus den Nahtzugaben kleine Dreiecke ausschneiden, die Klappe wenden, bügeln und schmal absteppen.

6 Aus den Streifen 12f Schlaufen für die Karabiner nähen. Dazu die Längskanten rechts auf rechts 1 cm breit aufeinandernähen. Die Naht in die Streifenmitte verschieben, die Nahtzugaben auseinanderbügeln und ein Ende des Streifens zunähen (= Hilfsnaht zum Wenden). Den Streifen wenden (siehe S. 63) die Hilfsnaht abschneiden, den Streifen bügeln. Die beiden Schlaufen auf eine Länge von 10 cm zuschneiden. Die Karabiner auf die Schlaufen fädeln, die Schnittkanten der Schlaufen jeweils aufeinanderlegen und rechts auf rechts mittig an die Oberkanten der Seitenstreifen nähen, dabei liegen die Schnittkanten von Schlaufen und Seitenstreifen aufeinander. Die Taschenklappe mit der offenen Oberkante rechts auf rechts an die Oberkante der Taschenrückseite nähen.

7 Die Außentasche in die Futtertasche stecken, sodass die Teile rechts auf rechts aufeinanderliegen. Beide Teile an der Oberkante rundum zusammennähen, die Tasche wenden, bügeln und die Oberkante schmal absteppen. Die Wendeöffnung schließen.

8 Die restlichen Schnallenteile bzw. die D-Ringe auf die Riemenenden fädeln. Die Enden 16 cm breit nach links umschlagen und die Umschläge mit jeweils 2 Nieten befestigen. Die Nieten haben einen Abstand von 1 und 5 cm zum Riemenende. Die Drehverschlussteile wie eingezeichnet am Vorderteil und der Klappe montieren. Beim Einschneiden des Stoffs im Vorderteil ein Schneidebrettchen als Unterlage und zum Schutz der Rückseite in die Tasche schieben.

5

6

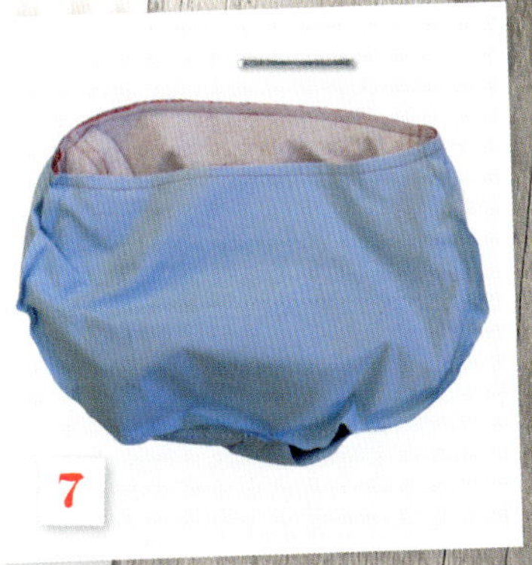
7

8

Der Klassiker

Tasche aus Naturleinen mit Lederverschluss

ca. 40 x 32 cm groß (ohne Riemen) | Schnittteile 13a bis c in Grau auf Bogen B

Material

- 70 cm Naturleinen A, 140 cm breit
- 40 cm Futter, 140 cm breit
- 75 cm aufbügelbares Volumenvlies, 90 cm breit
- 1 schwarzer Gürtelrohling (mit Löchern, ohne Schnalle), 4 cm breit
- 1 Gürtelschließe mit Dorn für 4 cm breite Gürtel
- 4 Ösen, Ø 5 mm
- 2 Karabiner für 15 mm breites Band
- 1 Gürtelschnalle, 25 mm breit
- 2 D-Ringe für 25 mm breites Band
- Cuttermesser
- 25 cm Reißverschluss (Meterware, 25 mm breit) mit 1 Zipper
- ggf. Lochzange und doppelseitiges Klebeband für Textilien

Zuschnitt

(siehe Tipps auf Seite 62-63)
Die Teile, wie in den Zuschneideplänen zu sehen, zuschneiden.

Aus Stoff A: 1x 13d: 85 x 7 cm
1x 13e: 42 x 7 cm
1x 13f: 27 x 3 cm
Aus Vlies: 1x 13g: 85 x 5 cm
1x 13h: 42 x 5 cm
Aus Futter: 2x 13i: 2,5 x 11 cm

Die Innentasche aus Teil 13a herauskopieren. Auf die linken Seiten der gelb gezeichneten Teile Vlies aufbügeln. Von den Taschenklappen 13c nur ein Teil verstärken. Die Vliesstreifen 13g und 13h mittig auf die Streifen 13d und 13e bügeln.

Vlies

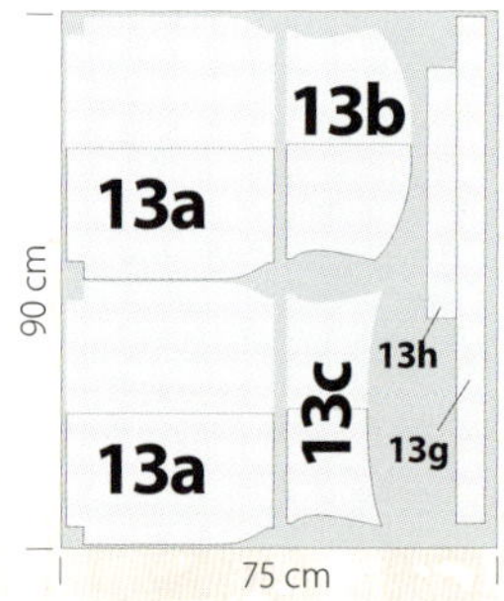

Stoff A

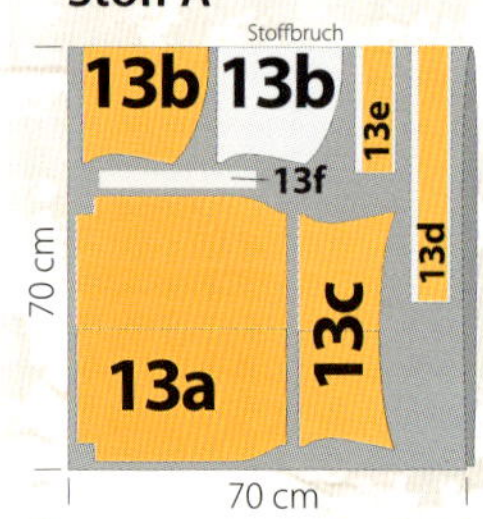

Futter

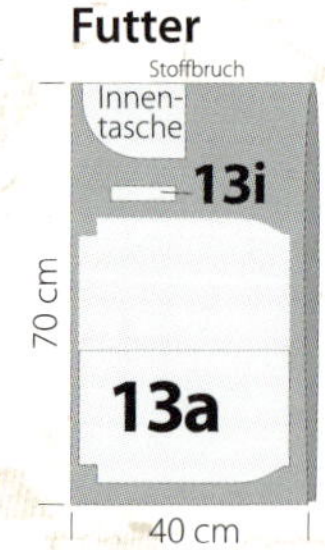

So geht's

1 Vom Gürtel an der abgerundeten Seite mit Löchern erst ein 31 cm langes Stück abschneiden, dann ein 18,5 cm langes Stück, das an beiden Enden gerade abgeschnitten ist. An den geraden Enden mit dem Cuttermesser von der Unterseite vorsichtig eine Schicht Leder wegschneiden und so die Lederdicke halbieren.

1

2 Die Gürtelschließe auf das kurze Gürtelstück fädeln, das Ende 4 cm weit nach links umschlagen und festnähen. Dann den Gürtel mittig auf die mit Vlies verstärkte obere Taschenklappe 13b nähen, sodass die gerade Gürtelkante an der Oberkante der Klappe und die Mitte der Schließe ca. 1 cm oberhalb der Unterkante liegt. Falls nötig, Leder mit Klebeband fixieren.

3 Am langen Gürtelstück eventuell noch zusätzliche Löcher stanzen, damit es genug Verstellmöglichkeiten gibt. Das Gürtelstück mittig auf einen Taschenkörper 13a nähen, sodass das gerade Ende an der unteren Kante liegt. Den Gürtel rundum schmal feststeppen.

4 An die Oberkante dieses Teils (= Vorderteil) die mit Vlies verstärkte untere Taschenklappe nähen. Die Nahtzugaben auseinanderbügeln und zu beiden Seiten der Naht schmal absteppen.

5 Die Längsseiten des Streifens 13f jeweils 0,75 cm breit nach links bügeln. Vom Streifen 2x 10 und 1x 6,5 cm abschneiden. Die Kanten 0,5 cm breit von rechts absteppen. Auf die längeren Stücke jeweils einen Karabiner auffädeln, zu Schlaufen legen und beide Lagen dicht neben dem Karabiner zusammennähen. Die Schlaufen an die Oberkante der Rückseite 13a nähen, s. Schnitt. Aus dem kurzen Streifen eine Riemenschlaufe nähen. Dazu die Schmalseiten rechts auf rechts 0,5 cm breit aufeinandernähen, die Nahtzugaben auseinanderdrücken und zu beiden Seiten der Naht festnähen, dabei den Ring jedoch nicht zusammennähen. Siehe auch Schritt 6, Tasche 11, Seite 42.

6 Die obere Taschenklappe rechts auf rechts an die Rückseite nähen. Die Nahtzugaben in die Rückseite 13a bügeln und die Naht schmal und 0,5 cm breit absteppen.

7 Vorder- und Rückseite rechts auf rechts an den Seiten und der Unterkante aufeinandernähen. Die

Nahtzugaben einschneiden und auseinanderbügeln. An der unteren Kante den Stoff an den Innenecken auseinanderziehen (= Seiten- und Bodennaht liegen aufeinander) und die Ecken 1 cm breit abnähen.

8 Die Längskanten der Riemenstreifen 13d und 13e rechts auf rechts 1 cm breit aufeinandernähen, dabei in der Mitte eine 5 cm große Wendeöffnung frei lassen. Die Naht in die Streifenmitte verschieben, die Nahtzugaben auseinanderbügeln und die Enden der Streifen zunähen. Die Streifen wenden (s. S. 63) und rundum schmal absteppen. Die Wendeöffnungen mit Staffierstichen schließen (siehe Schritt 12 auf S. 6).
Die Riemenschlaufe auf den kurzen Riemen fädeln. An einem Ende eine Öse mit 4 cm Abstand zur Kante mittig anbringen und den Dorn der Schnalle durch die Öse schieben. Das Riemenende so umschlagen und festnähen, dass die Schnalle an der Kante sitzt.
Auf das andere Ende und ein Ende des langen Riemens einen D-Ring fädeln, die Enden 3 cm breit nach links umschlagen und festnähen. Am anderen Ende des langen Riemens die 1. Öse mit einem Abstand von 10 cm zur Kante, die anderen jeweils mit 15 cm Abstand anbringen.

9 Die Futter- und übrigen Klappenteile wie die Außentasche zusammennähen, dabei aber eine ca. 12 cm große Wendeöffnung frei lassen und eine Innentasche in das Futter nähen. Von der Oberkante eines Futterteils 1,5 cm über die gesamte Breite abschneiden, dann die Innentasche wie auf S. 5, Schritt 7 bis 9, beschrieben einnähen. Hier wird oben statt des Futterteils die obere Taschenklappe 13b angenäht. Außen- und Futtertasche rechts auf rechts ineinanderstecken, an der Oberkante rundum zusammennähen.
Die Nahtzugaben an den Rundungen einschneiden, die Tasche wenden. Die Nahtzugaben an der Wendeöffnung nach links einschlagen und die Kanten schmal aufeinandernähen. Die Riemen an den Karabinern befestigen und verbinden.

6

7

8

9

Kontrastreich

Ein Traumpaar aus Grau und Neongrün

ca. 40 x 36 cm groß (ohne Riemen) | Schnittteile 14a bis c in Grau auf Bogen B

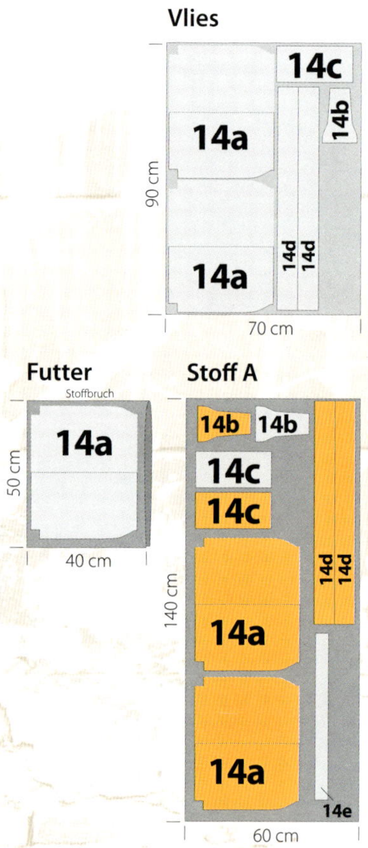

Material

- 60 cm dünner Wollstoff A in Anthrazit, 140 cm breit
- 70 cm aufbügelbares Volumenvlies, 90 cm breit
- 40 cm Futter, 100 cm breit
- 1,6 m Gurtband in Neongrün, 25 mm breit
- 80 cm Gurtband in Neongrün, 40 mm breit
- 3 Ösen, Ø 5 mm
- 2 Karabiner für 25 mm breites Band
- 1 Gürtelschnalle, 25 mm breit
- 3 D-Ringe für 25 mm breites Band
- 1 Druckknopf, Ø 15 mm
- dicke Nadel und Flachzange
- Feuerzeug
- wasserlöslicher Markierstift

Zuschnitt

(siehe Tipps auf Seite 62-63)

Die Teile, wie in den Zuschneideplänen zu sehen, zuschneiden.

Aus Stoff A: 2x 14d: 74 x 7 cm

1x 14e: 50 x 4,5 cm

Aus Vlies: 2x 14d: 74 x 7 cm

Auf die linken Seiten der gelb gezeichneten Teile Vlies aufbügeln.

1

So geht's

1 Vom schmalen Gurtband 11 cm abschneiden, eine Seite abrunden und mit dem Feuerzeug verschmelzen. Vorsicht: Das Band beim Auskühlen nicht anfassen! 2 cm von der abgerundeten Kante entfernt das Druck-

knopfoberteil montieren. Das Gurtband, wie im Schnitt eingezeichnet, rechts auf rechts an die Unterkante von Teil 14b (mit Vlies) nähen, dabei zeigt die Oberseite des Knopfes zum Stoff. Dann Teil 14c (ohne Vlies) rechts auf rechts an die Unterkante von Teil 14b nähen. Die Nahtzugaben zum Teil 14c bügeln.

2 Die beiden anderen Teile entsprechend - jedoch ohne Band - zusammennähen und dabei eine Wendeöffnung frei lassen (s. Schnitt 14b).
Die beiden zusammengesetzten Teile an den Unterkanten (s. Schnitt 14c), rechts auf rechts zusammennähen, wenden und schmal und 0,5 cm breit absteppen.
Die Teile zu beiden Seiten an den Nahtzeichen ◆ nach rechts umklappen, sodass die abgesteppte Kante in der Mitte liegt und die Laschen 14b rechts auf rechts aufeinanderliegen. Dann die Seitenkanten aufeinanderstecken. Dabei die Nahtzugaben des Teils ohne Vlies etwa 2 bis 3 mm überstehen lassen. Durch diese Mehrweite kann die Kante so ausgebügelt werden, dass die Naht von vorne nicht zu sehen ist.

3 Die Seitenkanten jeweils 1 cm breit aufeinandernähen. Aus den Nahtzugaben an den Rundungen kleine Dreiecke ausschneiden. Die Handytasche wenden und ausbügeln.

4 Das obere Ende der Lasche nach hinten umschlagen und in die Wendeöffnung schieben, sodass eine 5 cm lange Schlaufe entsteht. Die Naht zwischen Teil 14b und 14c (da, wo das Gurtband angenäht ist) von oben schmal und 0,5 cm breit absteppen und so die Wendeöffnung schließen und die Schlaufe festnähen.
Das Druckknopfunterteil passend an der Vorderseite der Handytasche anbringen.

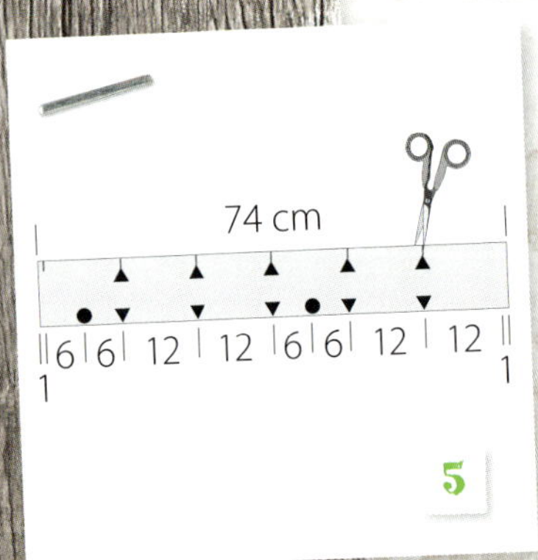

5 Aus dem Streifen 14e die Gürtelschlaufen nähen. Dazu die Längskanten 0,5 cm breit rechts auf rechts aufeinandernähen. Die Naht in die Streifenmitte verschieben, die Nahtzugaben auseinanderbügeln und ein Ende des Streifens zunähen (= Hilfsnaht zum Wenden). Den Streifen wenden (s. S. 63), die Hilfsnaht abschneiden. Den Streifen bügeln und 6 Schlaufen à 7 cm zuschneiden. An einem Streifen 14d, wie in der Skizze zu sehen, Nahtzeichen für die Gürtelschlaufen und die D-Ringe durch kleine (!) Einschnitte in die Nahtzugaben markieren.

6 Vom schmalen Gurtband zwei 8 cm lange Stücke abschneiden, die Kanten durch Verschmelzen sichern. Dann je einen D-Ring auf die Stücke fädeln, Schlaufen legen und mittig über den Nahtzeichen ● mit 0,8 cm Nahtbreite auf den Streifen 14d nähen (siehe Foto). 5 Gürtelschlaufen mittig über den Nahtzeichen ▼ an Ober- und Unterkante des Streifens festnähen, ebenfalls mit 0,8 cm Nahtbreite. Dann den Streifen an den Schmalseiten rechts auf rechts 1 cm breit zum Ring zusammennähen und die Nahtzugaben auseinanderbügeln. Über der Naht die letzte Schlaufe festnähen. Den anderen Streifen 14d ebenfalls zum Ring zusammennähen.

7 Die Taschenkörper 14a rechts auf rechts an den Seiten und der Unterkante aufeinandernähen. Die Nahtzugaben an den Rundungen einschneiden und auseinanderbügeln. An der unteren Kante den Stoff an den Innenecken auseinanderziehen, sodass Seiten- und Bodennaht jeweils aufeinanderliegen, und die Ecken 1 cm breit abnähen. Den Ring mit Gürtelschlaufen an die Oberkante des Taschenkörpers nähen. Die Schlaufen mit den D-Ringen sitzen dabei genau über den Seitennähten, aber an der gegenüberliegenden Kante, die hier nicht angenäht wird. Die Nahtzugaben in den Ring bügeln.

8 Die Futterteile und den anderen Ring entsprechend zusammennähen, in der Bodennaht des Futters jedoch eine 12 cm große Wendeöffnung frei lassen. Hier die Nahtzugaben zwischen Ring und Futter ins Futter bügeln.

6

7

8

9 Futter- und Außentasche rechts auf rechts ineinanderstecken und die Oberkanten rundum zusammennähen. Die Nahtzugabe des Rings am Futter auf 0,5 cm zurückschneiden, damit die Kante dünner wird. Die Tasche wenden und bügeln. Die Wendeöffnung schließen.

10 Die unteren Kanten der Ringe aufeinanderstecken und den Ring an Ober- und Unterkante schmal absteppen.

11 Das breite Gurtband durch die Gürtelschlaufen fädeln, dabei auch die Handytasche auffädeln. Die Bandenden in der richtigen Weite markieren. Die Bandenden etwas herausziehen, jeweils 1 cm außerhalb der Markierung abschneiden, verschmelzen und rechts auf rechts aufeinandernähen.

12 Für den Riemen ein 80 cm langes Stück vom schmalen Gurtband abschneiden, ein Ende abrunden und die Enden verschmelzen. Einen Karabiner auf das gerade Ende auffädeln, das Band 5 cm breit nach links einschlagen und festnähen. An der anderen Seite im Abstand von 18 cm zur Kante die 1. Öse montieren. Dann noch 2 weitere mit jeweils 10 cm Abstand anbringen.

13 Vom restlichen schmalen Gurtband 43 cm abschneiden, beide Enden verschmelzen. Den 2. Karabiner auf ein Ende auffädeln, das Band 5 cm breit nach links einschlagen und festnähen. An der anderen Seite im Abstand von 13,5 cm zum Ende mit der erhitzten Nadel (mit der Zange festhalten!) ein Loch in das Band schmelzen. Zuerst den letzten D-Ring, dann die Gürtelschlaufe auffädeln. Den Dorn der Schnalle durch das Loch stecken, das Band so umschlagen und festnähen, dass die Schnalle an der Kante sitzt und der D-Ring ebenfalls in der Schlaufe liegt. Den D-Ring mit der flachen Seite nach oben bis an die Naht schieben, dann die Schlaufe auf der anderen Seite des Rings noch einmal zusammennähen. Die Riemen mit der Gürtelschnalle verbinden und an den D-Ringen der Tasche befestigen.

Ausbaufähig

Für mehr Platz den Reißverschluss öffnen

jeweils ca. 37 x 27 bis 46 cm groß | Schnittteile 15a bis e in Grau auf Bogen B

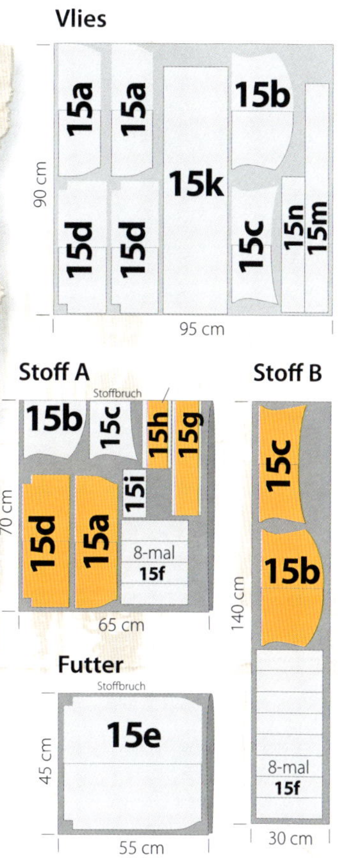

Material

- 65 cm Leinen A in Braun, 140 cm breit
- 30 cm Leinen B in Magenta, 140 cm breit
- 95 cm aufbügelbares Volumenvlies, 90 cm breit
- 55 cm Futter, 90 cm breit
- 80 cm langer Metallreißverschluss in Braun, teilbar
- 4 Ösen, Ø 5 mm
- 2 Karabiner für 40 mm breites Band
- 1 Gürtelschnalle, 40 mm breit
- 2 D-Ringe für 30 mm breites Band

Zuschnitt

(siehe Tipps auf Seite 62-63)

Die Teile, wie in den Zuschneideplänen zu sehen, zuschneiden.

Aus Stoff A: 8x 15f: 23 x 7 cm
1x 15g: 76 x 10 cm
1x 15h: 45 x 10 cm
1x 15i: 16 x 8 cm

Aus Stoff B: 8x 15f: 23 x 7 cm

Aus Vlies: 1x 15k: 82 x 22 cm
1x 15m: 76 x 7,5 cm
1x 15n: 45 x 7,5 cm

Auf die linken Seiten der gelb gezeichneten Teile Vlies aufbügeln. Die Vliesstreifen 15m und 15n mittig auf die Streifen 15g und 15h bügeln. Der Vliesstreifen 15k wird erst später aufgebügelt.

So geht's

1 Die Streifen 15f zu einem Rechteck zusammennähen. Dabei die Farben immer abwechseln und die Nähte am Anfang und Ende ca. 1 cm breit verriegeln. Die Naht-

1

2

3

4

5

zugaben auseinanderbügeln. Das Vliesrechteck 15k auf die linke Seite der Streifenfläche bügeln und die Fläche auf 82 x 22 cm zuschneiden. Die Schmalseiten des Rechtecks rechts auf rechts zusammennähen, sodass ein Ring entsteht, die Nahtzugaben auseinanderbügeln.

2 Die unteren Kanten der Teile 15a 3 cm breit nach links bügeln. Aus dem Rechteck 15i Schlaufen nähen. Dazu die Längsseiten rechts auf rechts aufeinanderlegen und 1 cm breit zusammennähen. Die Naht in die Streifenmitte verschieben, die Nahtzugaben auseinanderbügeln und ein Ende des Streifens zunähen (= Hilfsnaht zum Wenden). Den Streifen wenden (siehe Seite 63), die Hilfsnaht abschneiden und bügeln. 2 Streifen à 7,5 cm zuschneiden.

3 Die D-Ringe auf die Streifen fädeln, Streifen doppelt legen, sodass Schlaufen entstehen, und diese wie im Schnitt eingezeichnet rechts auf rechts an ein Teil 15a nähen. Dann die obere Taschenklappe in Magenta rechts auf rechts an die Oberkante nähen. Die Nahtzugaben nach unten bügeln und die Naht schmal absteppen.

4 Die untere Taschenklappe in Magenta rechts auf rechts an das andere Teil 15a nähen, hier die Nahtzugaben auseinanderbügeln und die Naht zu beiden Seiten schmal absteppen. Dann die beiden zusammengesetzten Teile rechts auf rechts aufeinanderlegen und an den Seiten zusammennähen, die umgebügelten Kanten werden dabei wieder auseinandergefaltet. Die Nahtzugaben an den Rundungen einschneiden und auseinanderbügeln. Das Taschenoberteil ist fertig.

5 Den Reißverschluss teilen und die Seite ohne Zipper rundum rechts auf rechts 0,5 cm breit an die Unterkanten des Oberteils nähen. Entweder einen schmalen Steppfuß oder einen Reißverschlussfuß verwenden, um neben den Zähnchen entlangzunähen. Das Band am

oberen Reißverschlussende zur Nahtzugabe hin im rechten Winkel einschlagen (siehe Foto).
Den aus den Streifen 15f zusammengesetzten Ring ebenfalls rechts auf rechts an die Unterkante des Oberteils stecken, sodass die Reißverschlusshälfte zwischen den Stofflagen liegt. Die Seitennähte des Oberteils treffen dabei jeweils auf die Mitte eines Streifens in Magenta. Noch einmal durch die bereits bestehende Naht nähen und dadurch den Ring annähen.

6 Die Reißverschlussnaht bügeln, dabei das Oberteil nach oben, den Streifenring nach unten bügeln, und die Naht schmal absteppen.

7 Die unteren Taschenteile 15d an den Seiten rechts auf rechts zusammennähen, die Nahtzugaben auseinanderbügeln. Die 2. Reißverschlussseite, wie in Schritt 5 beschrieben, an die Oberkante dieser Taschenteile nähen. Um am Zipper vorbeizunähen, die Nadel im Stoff lassen, das Füßchen hochheben, den Zipper vorsichtig an der Nadel vorbeiziehen, das Füßchen wieder absenken und weiternähen.

8 Die Unterkante des Streifenteils ebenfalls entsprechend annähen: Also wieder rechts auf rechts auf die Teile 15d legen mit Reißverschluss dazwischen und durch die bestehende Naht nähen. Die Seitennähte treffen wieder auf die Mitten der Magenta-Streifen.

9 Die Reißverschlussnaht bügeln (den Streifen nach oben und das Taschenunterteil nach unten) und die Naht schmal absteppen.
An der unteren Kante den Stoff an den Innenecken auseinanderziehen, sodass Seiten- und Bodennaht jeweils aufeinanderliegen, und die Ecken 1 cm breit abnähen.
Die Riemenstreifen 15g und 15h längs rechts auf rechts legen und die Längskanten 1 cm breit aufeinandernähen, dabei in der Mitte eine 5 cm große Wendeöffnung frei

lassen. Die Naht in die Streifenmitte verschieben, die Nahtzugaben auseinanderbügeln und die Enden der Streifen zunähen. Die Streifen wenden (siehe Seite 63) und rundum schmal absteppen. Die Öffnungen in den Streifenmitten mit Staffierstichen schließen (siehe Schritt 12 auf Seite 6).
An einem Ende eine Öse mit 6 cm Abstand zur Kante mittig auf dem kurzen Riemen anbringen, die Gürtelschnalle auffädeln und den Dorn durch die Öse schieben. Das Riemenende so umschlagen und festnähen, dass die Schnalle an der Kante sitzt.
Auf das andere Ende und auf ein Ende des langen Riemens jeweils einen Karabiner fädeln, die Enden 5 cm breit nach links umschlagen und festnähen. Am anderen Ende des langen Riemens die 1. Öse mit einem Abstand von 11 cm zur Kante anbringen, die anderen jeweils mit 10 cm Abstand zueinander.

Die Futterteile und die übrigen Klappenteile wie die Außentasche zusammennähen, dabei jedoch eine ca. 12 cm große Wendeöffnung frei lassen. Außen- und Futtertasche rechts auf rechts ineinanderstecken, an der Oberkante rundum zusammennähen. Die Nahtzugaben an den Rundungen einschneiden, die Tasche wenden. Die Nahtzugaben an der Wendeöffnung nach links einschlagen und die Kanten schmal aufeinandernähen.
Die Riemen in die D-Ringe einhängen und durch die Gürtelschnalle miteinander verbinden.

Gut zu wissen

1 In den Materialangaben finden Sie alles, was Sie für die Tasche, die Sie sich ausgesucht haben, brauchen. Dinge, die zur Grundausstattung beim Nähen gehören, sind nicht jedes Mal aufgeführt: Stoff- und Papierschere, passende Nähmaschinen- und Handnähnadeln, ein Maßband und/oder ein Handmaß sowie passendes Nähgarn. Ein Patchworklineal mit Rollschneider und Schneideunterlage ist hilfreich, um gerade Stoffstücke zuzuschneiden. Eine kleine Stickschere ist oft leichter zu handhaben als die große Stoffschere. Mit einem wasserlöslichen Markierstift können Sie problemlos auch auf der rechten Stoffseite Markierungen aufzeichnen.

2 Am Anfang der Anleitungen finden Sie jeweils die Zuschneidepläne. Darin ist für jeden Stoff aufgezeichnet, welche Teile Sie wie oft zuschneiden müssen und wie Sie die Teile am besten auf den Stoff legen. Die Bezeichnungen entsprechen den Nummern der Schnittteile auf dem Bogen. Streifen und Rechtecke, für die es kein extra Schnittteil gibt, sind mit Maßangaben unter Zuschnitt aufgelistet.

3 Auf den Schnittteilen finden Sie oft die Bezeichnung Stoffbruch. An dieser Stelle entsteht keine Naht, sondern der Stoff wird entweder doppelt gelegt und das Schnittteil mit dieser Kante an die Faltkante gelegt oder der Papierschnitt wird hier gespiegelt (dazu das Schnittpapier zur Hälfte falten, mit dem Knick an den eingezeichneten Stoffbruch legen, das Teil aufzeichnen und aus dem gefalteten Papier ausschneiden. Eine 3. Möglichkeit ist, den Schnitt auf den Stoff zu legen, die 1. Hälfte des Teils aufzuzeichnen, dann den Schnitt entlang des Stoffbruchs „umzuklappen" und die andere Hälfte des Teils zu markieren.

4 Mithilfe der Nahtzeichen können Sie die Teile passgenau aufeinandernähen. Schneiden Sie in die Papierschnitte kleine Kerben und übertragen Sie die Nahtzeichen mit Kreide und dann durch kleine Einschnitte (2 bis 3 mm reichen völlig) in die Nahtzugaben auf die Stoffteile. So sind beide Stofflagen markiert.

5 Die Nahtzugaben sind in den Schnittteilen und Maßen bereits enthalten. Wenn nichts anderes angegeben ist, sind die Zugaben 1 cm breit. Schmal absteppen bedeutet nur 1 bis 2 mm weit von der Naht oder Kante entfernt.

6 Um den Zipper auf den Reißverschluss zu ziehen, ziehen Sie die Bandenden ein paar Zentimeter auseinander und schneiden an einem Ende die Zähnchen ca. 5 mm weit ab (nur die Zähnchen, nicht das Band). Dann fädeln Sie den Zipper mit der breiten Seite zuerst auf das andere Band, schieben die Seite mit den abgeschnittenen Zähnchen an der 2. Seite auf den Zipper, halten die Bandenden unterhalb des Zippers fest und ziehen ihn auf den Reißverschluss. Praktisch zum Annähen ist es, wenn der Zipper in der Mitte des zu beiden Seiten geschlossenen Reißverschlusses sitzt. Haben Sie das Reißverschlussband schon geteilt, fädeln Sie den Zipper auf, ziehen ihn einmal komplett über den Reißverschluss und am anderen Ende wieder heraus (dann ist der Reißverschluss wieder zu) und fädeln den Zipper erneut auf.

7 Riemen und Bänder lassen sich leicht mithilfe eines Wendewerkzeugs wenden. Das besteht aus einem Rohr, das in den „Schlauch", der an einer Schmalseite zugenäht sein muss, geschoben wird, und einem Stab, mit dem man den Stoff von der zugenähten Seite her durch das Rohr schiebt. Sie können auch den Schlauch vom zugenähten Ende aus über einen Kochlöffel schieben. Oder Sie wenden das an beiden Enden offene Teil mithilfe einer Sicherheitsnadel, die Sie an einem Ende befestigen und dann durch den Schlauch schieben.

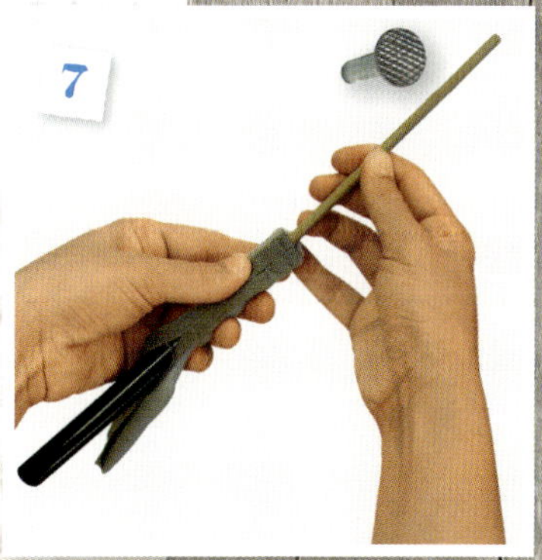

Impressum

Entwürfe und Realisation: Beate Schmitz, www.ideenhoch3.de
Redaktion: Franziska Schlesinger
Lektorat: Claudia Schmidt
Fotografie: Florian Bilger Fotodesign
Styling: Peggy Kummerow
Stepfotos, Vorlagenzeichnungen und Schnittzeichnungen: Beate Schmitz
Gesamtgestaltung und Satz: GrafikwerkFreiburg
Reproduktion: Meyle + Müller GmbH & Co. KG, Pforzheim
Druck und Verarbeitung: Ömür Printing, Istanbul

ISBN 978-3-8410-6282-6
Art.-Nr. OZ6282

Wir danken den folgenden Herstellern für die freundliche Unterstützung:

- Bergs Stoffe
  über *www.dawanda.com*,
  Stichwort stoffefrank
- Freudenberg
  FV Verwaltungs-SE & Co. KG, Weinheim
  www.vlieseline.de
- Handelswelt Felsmann
  www.baender24.de
- Heimtextil Major
  www.heimtextil-major.de
- Kurt Frowein
  www.kurt-frowein.de
- Lederwerkstatt Martin Milz
  www.guertelschnallen.com
- Prym Consumer Europe
  www.prym-consumer.com
- Stoffe Brünink & Hemmers
  www.stoffe-hemmers.de
- Union Knopf
  www.unionknopf.com
- Westfalenstoffe
  www.westfalenstoffe.de
- Zweigart & Sawitzki
  www.zweigart.com

Kreativ-Service

Sie haben Fragen zu den Büchern und Materialien? Frau Erika Noll ist für Sie da und berät Sie rund um alle Kreativthemen. Rufen Sie an! Wir interessieren uns auch für Ihre eigenen Ideen und Anregungen. Sie erreichen Frau Noll per E-Mail: **mail@kreativ-service.info** oder Tel.: **+49 (0) 5052/91 18 58** Montag–Donnerstag: 9–17 Uhr / Freitag: 9–13 Uhr

Besuchen Sie uns im Internet: **www.christophorus-verlag.de**